Elina Sistonen-Schasche

Leckeres für Katzenzungen

Mit Fotos bekannter Tierfotografen
Zeichnungen: Renate Holzner

2 INHALT

Das ABC der Katzenernährung — 4

Typisch Katze — 4
Entscheidungshilfen — 6
Gesund durch richtige Ernährung — 9
Energie — 9
Protein (Eiweiß) — 10
Wofür Proteine gebraucht werden — 11
Mangelerscheinungen — 12
Fett — 12
Tabelle: Was die Katze braucht — 13
Fettsäuren — 14
Welche Fette geeignet sind — 14
TIP: Verdauung gesund halten — 15
Mangelerscheinungen — 15
Kohlenhydrate und Fasern — 15
Vitamine und Mineralien — 16
Checkliste: Ausstattung — 17
Mineralien — 18
Tabelle: Ernährungsfehler vermeiden — 19
Enzyme und Mikronährstoffe — 20
Rassespezifische Bedürfnisse — 21
TIP: Katzengras — 22
PRAXIS Ernährung in verschiedenen Lebensphasen — 24

Das schmeckt meiner Katze — 27

Kriterien bei der Futterwahl — 27
Verwertbarkeit der Nahrung — 27
Welche Zusatzstoffe? — 29
Checkliste: Beim Futterkauf beachten — 29
TIP: Was Etiketten versprechen — 30
Tabelle: Fertigfutter und seine Bestandteile — 31
Trockenfutter — 31
VerhaltensDolmetscher — 32

Nebenerzeugnisse — 34
Bedeutung von Fütterungs- und Kotmenge — 34
Was soll man füttern? — 35
10 Goldene Regeln der Fütterung — 37
Selbstzubereitete Nahrung — 38
Praktische Tips für die Zubereitung — 40
Grundrezepte — 40
Tabelle: Richtig füttern — 42
TIP: Hefeflocken — 43
PRAXIS Fütterung — 44

Problemfälle bei der Ernährung	47
Worauf Sie achten sollten	47
Allergien	47
Diabetes	49
Checkliste: Krankheitsanzeichen	49
TIP Trinkgewohnheiten	50
Durchfall und Erbrechen	50

Fellprobleme	50
Nierenprobleme	51
Leberprobleme	52
Harnwegprobleme	54
Versorgung im Urlaub	56
Verstopfung	56
Übergewicht	56
Zahnfleischentzündung	57
PRAXIS Krankenpflege	58

Anhang	60
Register	60
Adressen und Literatur	62
Wichtige Hinweise	63
Impressum	63
EXPERTEN-RAT	64

4 TYPISCH KATZE

- Gehört zu den Beutetier-fressern (Faunivoren).

- Hat einen sehr kurzen Darmtrakt.

- Kann ohne Fleisch (tierisches Eiweiß) nicht leben.

- Frißt auch pflanzliche Stoffe in geringen Mengen.

- Braucht mehr tierisches Fett und Eiweiß (Protein) als Hunde.

- Ist abhängig von Nahrungs-bausteinen aus tierischem Gewebe (zum Beispiel Taurin, Arachidonsäure), um gesund zu bleiben.

- Muß die Vitamine mit der Nahrung zu sich nehmen.

Die Vorfahren unserer Katzen, die wilden nordafrikanischen Falbkatzen, ernährten sich ausschließlich von Kleinnagern, Vögeln, gelegentlich Reptilien und Insekten. Auch während ihrer Evolutionsgeschichte standen der Katze offensichtlich immer genügend Beutetiere zur Verfügung. So mußte sie nicht die Fähigkeit entwickeln, lebenswichtige Nährstoffe aus Pflanzen zu beziehen, wie es zum Beispiel beim Hund der Fall ist. Trotz Domestizierung und Züchtung hat sich der Verdauungstrakt unserer Stubentiger nicht geändert, das heißt, sie sind nach wie vor echte Faunivoren (Beutetierfres-ser) und können ohne Fleisch nicht leben.
Dennoch ist die Katze kein reiner Fleischfresser (Carnivore). Mit dem Mageninhalt der Beute nimmt sie auch vorverdaute pflanzliche Stoffe zu sich. Außerdem knabbert sie an Gräsern und Kräutern. Die Katze braucht also etwas Pflanzenkost, aber der Bedarf dafür ist sehr gering.

6 ENTSCHEIDUNGSHILFEN

1 Hochwertige Fertignahrung ist in der Zusammensetzung ausgewogen und in der Regel auf die Bedürfnisse der Katze abgestimmt.

2 Bei der Fütterung mit Fertignahrung sollten Sie sich sowohl mit den Futtersorten als auch den Etiketten genau auseinandersetzen (→ Seite 30).

3 Katzenfutter selbst zubereiten ist zeitaufwendig. Dafür wissen Sie immer, was Sie füttern.

4 Selbstzubereitete Nahrung ist nicht billiger als Fertignahrung. Qualitätszutaten von einem zuverlässigen Metzger oder Bauern haben ihren Preis.

5 Von billigen Schlachtabfällen dubioser Herkunft kann Ihre Katze krank werden.

6 Die Zusammensetzung der Rezepte muß sorgfältig beachtet werden. Unausgewogenes Selbstgemachtes schadet Ihrer Katze.

7 Ob Selbstgemachtes oder Fertigfutter, es sollte zu regelmäßigen Zeiten und immer frisch in den Napf kommen.

8 Katzen, die Diätfutter essen müssen, etwa wegen einer Nierenerkrankung, schmeckt Selbstgekochtes oft besser.

9 Bei einer Futterunverträglichkeit ist selbstzubereitete Nahrung empfehlenswert (→ Seite 38).

Die Entscheidung, wie Sie Ihre Katze ernähren wollen, hängt von Ihrer Lebenssituation ab. Wenn Sie nur wenig Freizeit haben, selten zu Hause sind oder für sich selbst kaum kochen, empfiehlt es sich, hochwertige Fertignahrung zu füttern und 2-3mal wöchentlich mit selbstzubereitetem Futter beziehungsweise Frischfleisch (Rind oder Lamm) zu ergänzen. Wichtig ist, die kätzischen Ernährungsbedürfnisse zu kennen und die Verpackungsetiketten daraufhin lesen zu können; die Unterschiede zwischen den einzelnen Futtersorten sind nämlich groß.

Wollen Sie hingegen Ihre Katze vorwiegend mit selbstzubereiteter Nahrung versorgen, finden Sie auf den Seiten 40-43 ausgewogene Rezepte. Auch dann sollten Sie 2-3mal wöchentlich mit hochwertiger Fertignahrung abwechseln. Dadurch vermeiden Sie Futterabhängigkeit, auch für den Fall, daß während einer Abwesenheit von Ihnen (Urlaub, Krankenhaus) oder eines Klinikaufenthaltes der Katze Selbstgemachtes nicht zur Verfügung steht.

DAS ABC DER KATZENERNÄHRUNG

Unsere Katzen sind wie ihre Vorfahren, die wilden libyschen Falbkatzen, Beutetierfresser. Um gesund zu bleiben, brauchen sie Fleisch, aber auch kleine Mengen pflanzlicher Kost. Lernen Sie die spezifischen Ernährungsbedürfnisse Ihrer Katze kennen, damit Sie sie richtig und artgerecht füttern können.

Gesund durch richtige Ernährung

Wie lange Ihre Katze lebt, wie gesund sie bleibt, wie ihr Immunsystem funktioniert, ob sie energisch und zufrieden oder abgeschlafft oder gar aggressiv ist – all das kann durch die Ernährung beeinflußt werden.

In der freien Wildbahn ernährt sich die Katze von kleinen Beutetieren. Und diese sind so beschaffen, daß sie für ihr Fortbestehen so gut wie alles verwerten kann. Fleisch und Innereien liefern Proteine, Fette und Vitamine, in Knochen und Blut finden sich Mineralien. Der Mageninhalt aus vorverdauten Pflanzenteilen sorgt für Kohlenhydrate, Mineralien und pflanzliche Fettsäuren. Alle diese Nährstoffe erhalten Katzen in der Natur in der richtigen Zusammensetzung und Menge.

Wohnungskatzen hingegen bekommen heutzutage kaum noch eine Maus zu Gesicht. So liegt es an uns, ihnen »mäuseähnliche« Nahrung anzubieten. Im folgenden sind die Bausteine dieser Nahrung erklärt und deren Einfluß auf die Körperfunktionen unserer Samtpfoten.

Eine Maus bietet handlich verpackt alles, was die Katze an Nährstoffen braucht.

Energie

Energie hält die Katze in jeder Hinsicht »auf Trab«. Viel davon braucht sie ja wohl nicht, wird mancher denken, der seine Mieze den lieben langen Tag nur schlafen und ruhen sieht. Tatsächlich kann eine Katze täglich bis zu 16 Stunden und mehr mit dieser ihrer vornehmlichsten Beschäftigung zubringen. Doch das täuscht, denn sie benötigt Energie nicht nur in den Zeiten ihrer Aktivität – dann allerdings in hohem Maße –, sondern vor allem für Wachstum, Vermehrung und die Erhaltung der Körperfunktionen.

Energiedichte

Sie ist ein zentraler Begriff in der Ernährung und eine nützliche Hilfe, um Futtermittel miteinander vergleichen zu können. Angegeben in Joule (sprich Jaul), anstelle der früher gebräuchlichen Kalorie, beziehungsweise in Kilojoule (kJ) pro kg Körpergewicht, bestimmt sie die täglich aufzunehmende Futtermenge.

Die im Futter enthaltene Bruttoenergie wird nicht zu 100% verwertet. Ein Teil geht über Kot und Urin verloren. Dieser Verlust kann je nach Verdaulichkeit des Nahrungsmittels sehr hoch

Das ABC der Katzenernährung

sein. Schlecht verdauliche pflanzliche Kost schluckt zum Beispiel mehr Energie als hochverdauliches Fleisch. Danach verbleibt schließlich die umsetzbare Energie (ME), die dem Körper tatsächlich zur Verfügung steht.

Energiebedarf

Der Verbrauch bestimmt den Bedarf. Wie hoch der jeweils ist, hängt von Alter, Gewicht, Lebenssituation und anderem ab (→ Seite 24/25). Grundsätzlich benötigt eine normal aktive Katze rund 203 kJ (70 kcal) pro kg Körpergewicht. **Hinweis:** Achten Sie auf die Fütterungsempfehlungen. Je größer die benötigte Futtermenge, desto geringer die Energiedichte (also Verfügbarkeit der Nährstoffe für den Körper) und desto minderwertiger das Futter. Das deutlichste Indiz ist in jedem Fall die Kotmenge: Sie sollte etwa ein Viertel der gegessenen Menge betragen. Ist sie viel größer, handelt es sich um ein schlecht verwertbares Futter (→ Bedeutung von Fütterungs- und Kotmenge, Seite 34).

Protein (Eiweiß)

Protein oder Eiweiß kann als Bau- und Brennstoff für den Körper bezeichnet werden. Es ist Bestandteil der Zellen aller Organismen und somit unentbehrlich für jedwedes Lebewesen. Die Grundbausteine der Proteine sind die Aminosäuren. Diese werden in essentielle und nichtessentielle eingeteilt. Die nichtessentiellen kann die Katze selbst in ihrem Körper bilden, die essentiellen (lebenswichtigen) muß sie unbedingt mit der Nahrung zu sich nehmen wie etwa das Taurin. Dieses kommt nur in tierischem Gewebe vor, und ein Mangel würde der Katze empfindlich schaden. Um gesund zu bleiben, ist sie also auf Futter mit hohem Fleischanteil angewiesen.

Qualität und biologische Wertigkeit

Als hochwertig bezeichnet man Proteine, die leicht verdaulich sind und aus allen essentiellen Aminosäuren bestehen; sie sind in Fleisch, Leber, Herz und Eiern enthalten. Minderwertig nennt man Proteine, die nicht alle essentiellen Aminosäuren enthalten (in pflanzlichen Produkten wie Mais und Soja) oder schwer verdaulich sind (in Milz, Euter, Lunge, Federn, Därmen sowie allen Teilen mit viel Bindegewebe). Diese kann der Körper nur zu einem ganz kleinen Teil als Nährstoffe nutzen.

Der Anteil der verschiedenen Aminosäuren ist für jedes Protein charakteristisch und wird als biologische Wertigkeit (BW) bezeichnet. Diese gibt an, wieviel Prozent des aufgenommenen Proteins in körpereigenes Gewebe umgewandelt werden kann, etwa von Eiern 100%, von Hühnerfleisch über 90%, von Sojamehl nur 67%.

Katzenkinder brauchen viel energie- und proteinreiches Futter, um zu gedeihen.

Energie und Proteine 11

Verdaulichkeit
Noch wichtiger ist das Verhältnis zwischen der aufgenommenen und der vom Körper tatsächlich verwendeten Menge des Proteins, das heißt seine Verdaulichkeit. Das verdauliche Protein ist somit ganz entscheidend für die Qualität einer Nahrung. Leider darf es auf Futterpackungen nicht angegeben werden. Vorgeschrieben ist nur die Angabe des Rohproteingehaltes. Doch das sagt gar nichts darüber aus, ob die Katze das Protein überhaupt als Nährstoff verwenden kann.

Wofür Proteine gebraucht werden
Proteine sorgen unter anderem für Aufbau und Erhaltung der Muskeln, Umbau der Körperge-

Wenn sie einen Fisch fangen kann, vergißt die Katze ihre Wasserscheu.

webe, Haarwachstum und -wechsel, gute Augen, ein starkes Herz und die richtige Verdauung. Sie liefern Energie, sind lebenswichtig für das Immunsystem und unentbehrlich bei der Vorbeugung gegen Harngrießbildung.
Da Katzen wesentlich mehr Protein benötigen als Hunde und überschüssiges Eiweiß auch nicht wie diese speichern können, müssen sie es täglich mit der Nahrung zu sich nehmen. Das heißt, diese muß viel hochverdauliches Protein enthalten. Je höher dessen Qualität, je kompletter die Aminosäurezusammensetzung,

Das ABC der Katzenernährung

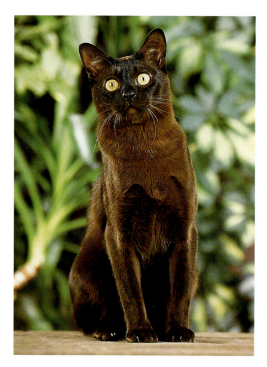

Die lebenswichtigen Fettsäuren im Futter sorgen für ein gesundes, glänzendes Fell.

je besser die Verdaulichkeit, desto eher ist der Proteinbedarf gedeckt. Hingegen wird unverdauliches Protein in Harnstoff verwandelt und über die Nieren ausgeschieden. Und je mehr davon im Futter enthalten ist, desto härter müssen diese arbeiten. Achten Sie also auf die verwendeten Zutaten, denn nur daran ist die Qualität der Proteine zu erkennen (→ Seite 27). Gute Proteinlieferanten sind Muskelfleisch (Pute, Huhn, Lamm, Rind, Pferd, Kaninchen, Wild), Fisch, Eier, wertvolle Innereien (Leber, Herz, Nieren), Sauermilchprodukte und Hüttenkäse. Schlachtabfälle wie Lunge, Euter, Milz, Bindegewebe, Sehnen oder Haut haben eine niedrige biologische Wertigkeit und Verdaulichkeit und sollten deshalb nicht gefüttert werden (→ Seite 10/11).

Mangelerscheinungen

Ein Mangel an gut verwertbarem Eiweiß, und sei er auch gering, führt zu einem Verlust an Körpersubstanz, einer Verminderung der Leistungsfähigkeit, zu erhöhter Krankheitsanfälligkeit sowie vorzeitigem Altern. Das Heimtückische ist, daß die Katze viele Jahre gesund zu sein scheint und Mängel sich erst dann bemerkbar machen, wenn sie älter wird. Unter anderem äußern sich diese durch Schlaffheit und Müdigkeit, ständiges starkes Haaren, ein trockenes Haarkleid, brüchige Barthaare, chronische Verdauungs- oder Harnwegprobleme.

Fett

Fett ist ein noch größerer Energiespender als Eiweiß. Während dieses 14,65 kJ (3,5 kcal) pro Gramm Futter liefert, stellt Fett 35,58 kJ/g (8,5 kcal/g) zur Verfügung, mehr als doppelt so viel. Fett macht das Futter schmackhaft, sorgt für gesunde Haut und glänzendes Fell, hilft dem Körper, das Immunsystem aufrechtzuerhalten und ist unerläßlich während der Wachstumsperiode oder in Streßsituationen. Zudem enthält Fett die essentiellen (lebenswichtigen) Fettsäuren und sorgt für die Verwertung der fettlöslichen Vitamine A, D, E und K.

Den Napf immer mit frischem Futter füllen.

Wichtige Nährstoffe **13**

Was die Katze braucht

Wichtige Nährstoffe	Warum sie notwendig sind	Mangel daran führt zu
Protein (Eiweiß)	Ist Bau- und Brennstoff für den Körper, sorgt für Aufbau und Erhaltung der Muskeln, Umbau der Körpergewebe, Haarwachstum, Haarwechsel, gute Augen, Herz und Verdauung, liefert Energie, stärkt das Immunsystem, beugt der Bildung von Harngrieß vor.	Verlust von Körpersubstanz, Verminderung der Leistungsfähigkeit, erhöhter Krankheitsanfälligkeit, vorzeitigem Altern. Symptome sind Schlaffheit und Müdigkeit, Haaren, trockenes Haarkleid, chronische Verdauungs- oder Harnwegprobleme.
Fette	Liefern die meiste Energie, sorgen für gesunde Haut und Fell, halten das Immunsystem aufrecht, sind verantwortlich für Wachstum und Fruchtbarkeit.	Verlust an Energie, essentiellen Fettsäuren, fettlöslichen Vitaminen, mit Symptomen wie Wachstums- und Fortpflanzungsstörungen, trockener, schuppiger Haut, Juckreiz, Haarausfall und kahlen Stellen im Fell.
Kohlenhydrate und Fasern	Liefern Brennstoff für Kurzzeitenergie, helfen bei der Verdauung.	Verstopfung oder Durchfall, Verdauungsprobleme.
Vitamine und Mineralien	Unterstützen die Funktion von Augen, Schleimhäuten, Haut, Knochen, Nerven, Zähnen, Zahnfleisch etc.	Augenerkrankungen, Hautproblemen, Gelbfettkrankheit, Müdigkeit, Gewichtsverlust, Durchfall, Knochenweiche, Wachstums- und Fruchtbarkeitsstörungen.
Enzyme und Mikronährstoffe	Unterstützen den Körper bei der Nährstoffverwertung (z.B. Protein und Kalzium), sorgen für gute Verdauung, ein starkes Immunsystem, helfen gegen Allergien und Magenbeschwerden, verbessern den Appetit.	Blähungen, Durchfall, Untergewicht, schlechtem Fellzustand, gestörtem Allgemeinbefinden, Entwicklungsstörungen.

Das ABC der Katzenernährung

Fettsäuren

Für die Aufrechterhaltung ihrer Körperfunktionen braucht die Katze Linol-, Linolen- und Arachidonsäure. Diese mehrfach ungesättigten Fettsäuren sind für die Katze essentiell, weil sie sie, genau wie die essentiellen Aminosäuren, nicht selber bilden kann und mit der Nahrung zu sich nehmen muß. Linol- und Linolensäure sollten etwa 2,5% im Futter ausmachen und können aus pflanzlichen Quellen stammen. Die Arachidonsäure muß mindestens zu 0,04% vorhanden sein. Sie findet sich ausschließlich in tierischen Fetten, und das ist ein weiteres Argument, warum eine Katze nicht rein vegetarisch gefüttert werden darf.

Welche Fette geeignet sind

Der Typ und die Qualität der Fette sind wichtiger als die prozentuale Menge im Futter. In gutem Trockenfutter sollten jedoch 15-20% Fette enthalten sein, damit die Energieversorgung in erster Linie durch sie geschieht und Proteine für andere Funktionen aufgespart werden können.

Gut geeignet, weil leicht verdaulich, sind weiche Fette, die leicht schmelzen, wie Geflügelfett, Butter und Gänseschmalz sowie Lachs- und Nachtkerzenöl.

Nicht empfehlenswert, weil schwer verdaulich, sind die billigeren harten Fette, die in der Futterherstellung leider oft Verwendung finden. Häufig werden sie einfach als »tierisches Fett« deklariert. Die Katze erbricht sie meist, oder sie werden in Leber und Nieren gespeichert und können dort die Fettleberkrankheit auslösen. Oft setzen sie sich als Bauchfett an beziehungsweise werden durch die Talgdrüsen abgesondert, was sich dann an einem fettigem Fell bemerkbar macht.

Hinweis: Die Beigabe von einzelnen Fetten kann ein bereits mangelhaftes Futter noch unausgewogener machen. Mehrfach ungesättigte Fettsäuren oxidieren im Körper, wodurch der Bedarf an dem natürlichen Antioxidans Vitamin E zunimmt. Setzt man also große

Gut verdauliches Futter macht das Kätzchen satt und zufrieden.

Kohlenhydrate und Fasern

Mengen oder regelmäßig Pflanzenöl zu, muß man gleichzeitig den Vitamin-E-Gehalt steigern. Fisch, der reich an mehrfach ungesättigten Fettsäuren ist, sollten Sie also nicht übermäßig füttern.

Als Fettzusatz zu einem Fertigfutter sind nur ausgewogene Fellpräparate empfehlenswert, die aus Lachs- und Nachtkerzenöl bestehen (erhältlich im guten Fachhandel oder beim Tierarzt).

Mangelerscheinungen

Zuwenig Fett im Futter führt zu einem Mangel an Energie, essentiellen Fettsäuren und fettlöslichen Vitaminen. Selbst wenn diese in ausreichender Menge enthalten wären, könnte sie der Körper nicht nutzen. Wachstums- und Fortpflanzungsstörungen, trockene schuppige Haut, Juckreiz, Haarausfall und kahle Stellen (fälschlicherweise oft als Allergie angesehen) weisen darauf hin.

Probleme entstehen auch, wenn im Futter mengenmäßig zwar genug Fett enthalten ist, jedoch von minderwertiger Qualität und Verdaulichkeit. Fettiges Fell und gleichzeitig Schuppen, Müdigkeit, Krankheitsanfälligkeit, Fettstühle und Durchfall können die Folge sein.

Kohlenhydrate und Fasern

Kohlenhydrate sind energiehaltige Bestandteile von Pflanzen. Sie kommen in löslichen und unlöslichen Formen vor. Zu den löslichen Kohlenhydraten zählen die verschiedenen Zuckerarten, zum Beispiel Frucht-, Milch-, Tafelzucker und Stärke in Getreideprodukten, Äpfeln, Kartoffeln oder Teigwaren. Stärke kann der Katzenkörper erst verdauen, wenn sie durch Kochen in Zucker verwandelt wurde. Deshalb Getreideflocken und Kartoffeln nur in gekochter Form anbieten. Unlösliche Kohlenhydrate werden als Fasern und Ballaststoffe bezeichnet (→ Seite 16).

TIP

Verdauung gesund halten

Viele Katzenbesitzer füllen sofort nach, sobald ihre Samtpfote vor einem leeren Napf sitzt. Das ist jedoch falsch. Wenn Katzen das Futter immer riechen, haben sie nie richtig Appetit, werden heikel und magern ab. Oder sie essen aus Langeweile zuviel und nehmen übermäßig zu.

Zudem erhöht sich nach jeder Mahlzeit der Urin-pH-Wert von sauer nach alkalisch. Je alkalischer aber der Urin, desto eher bildet sich Harngrieß (→ Harnwegprobleme, Seite 54). Das heißt, die Harngrießbildung wird begünstigt bei Katzen, die oft kleine Häppchen zu sich nehmen. Es dient der Gesundheit, nur 2-3 Mahlzeiten pro Tag anzubieten und nach einer Stunde die Reste wegzuräumen.

Wofür Kohlenhydrate gebraucht werden

Enthält das Futter eine angemessene Menge von Kohlenhydraten (ca. 10%), lösen sie die Proteine als Energieträger sozusagen ab, so daß diese für die Gewebeerneuerung und das Wachstum genutzt werden können. Sind jedoch zu viele Kohlenhydrate im Futter, wird nach Deckung des Energiebedarfs das meiste davon in Körperfett umgewandelt. Ein zu großer Getreideanteil im Futter kann außerdem zu Harngrieß führen.

Hinweis: Auf Fertigfutterpackungen sind die löslichen Kohlenhydrate nicht deklariert. Sie können aber errechnet werden, wenn die angegebenen Inhaltsstoffe zusammengezählt und von 100 abgezogen werden. Daraus ergibt sich der Anteil an löslichen Kohlenhydraten.

Das ABC der Katzenernährung

Katzen schlafen zwar viel, dennoch haben sie einen hohen Energiebedarf.

Fasern oder Ballaststoffe
Fasern oder Ballaststoffe zählen zu den unlöslichen Kohlenhydraten. Sie werden im Dickdarm von Bakterien unterschiedlich zerlegt (fermentiert); Pektin zum Beispiel ist gut, Zellulose schwer fermentierbar. Diese Kohlenhydrate können von der Katze wegen ihres extrem kurzen Dickdarms nur schwer verarbeitet werden, haben jedoch eine darmregulierende Wirkung, wobei die Art der Fasern eine bedeutende Rolle spielt. Von gut oder mäßig fermentierbaren Fasern profitiert die Katze. Ein Mangel kann Verdauungsstörungen verursachen, während ein Zuviel oder die Zufuhr an schwer fermentierbaren Fasern unter anderem die Aufnahme der Nährstoffe verringert.

Vitamine und Mineralien

Vitamine (aus lat. *vita* = Leben und Amine) sind lebenswichtige organische Nährstoffe, die zahlreiche Stoffwechselvorgänge im Körper unterstützen. Man unterscheidet zwischen fett- und wasserlöslichen Vitaminen.

Fettlösliche Vitamine
Dazu gehören die Vitamine A, D, E und K. Sie sind nur verwertbar, wenn im Futter genügend Fett enthalten ist (→ Seite 12).

Vitamine und Mineralien

Vitamin A ist wichtig für Augen, Schleimhäute und Haut. Lieferanten sind Leber, Nieren, Eigelb, Butter oder Lebertran. Ein Mangel führt unter anderem zu Augenerkrankungen, Wachstums- und Fruchtbarkeitsstörungen, eine Überdosierung kann toxisch wirken und verursacht auf Dauer Skelettmißbildungen.

Vitamin D wird für gesunde Knochen und Zähne gebraucht. Gute Quellen sind zum Beispiel Leber und Eigelb. Ein Mangel an Vitamin D führt zu Knochenweiche, eine Überdosierung kann toxisch wirken und Verkalkungen in Lunge, Nieren oder Herz auslösen.

Hinweis: Vitamin A und D sollten nur in Form eines Multivitaminpräparats (Menge nach Pakkungsanweisung) zugeführt werden. Leber darf nur ein Fünftel des tierischen Futteranteils ausmachen. Lebertran gar nicht verabreichen!

Vitamin E ist wichtig für Haut und Fruchtbarkeit, stärkt das Immunsystem und wirkt zusammen mit Vitamin C als Antioxidans. Gute Quellen sind Weizenkeime und Maiskeimöl. Ein Mangel verursacht unter anderem Fruchtbarkeitsstörungen, Hautprobleme, Gelbfettkrankheit und Müdigkeit.

Hinweis: Pflanzenöle und Fisch in der Nahrung sowie die Luftverschmutzung erhöhen den Bedarf an Vitamin E. Die Zufütterung in Form eines guten Multivitaminpräparats ist sinnvoll.

Vitamin K ist wichtig für die Blutgerinnung. Die Katze kann es selbst im Darm bilden.

Wasserlösliche Vitamine

Zu ihnen zählen der Vitamin-B-Komplex und das Vitamin C. Durch die Nahrungsumstellung, die die Katze als Heimtier erfahren hat, und durch die zunehmende Umweltverschmutzung ist eine Zufütterung sinnvoll.

Alle Vitamine des B-Komplexes sind wichtig für Nerven, Haut und Haar und sorgen für Fitneß und einen gesunden Appetit. Sie sind in Bier-

Checkliste
Ausstattung

1 1 Futternapf und 2 Trinknäpfe aus Metall, Glas oder Keramik.

2 Tiefkühldose oder Glasdose für die Aufbewahrung der Futterreste im Kühlschrank.

3 Luftdichte Dose für die Aufbewahrung der Trockennahrung.

4 Mixer oder Fleischwolf zum Zerkleinern der selbstzubereiteten Nahrung.

5 Küchenwaage, Tasse (220 ml), Eßlöffel und Teelöffel zum Abmessen der Zutaten.

6 Meßbecher zum Abmessen der Trockennahrung.

7 1 Schüssel, 2 Kochtöpfe, davon einer mit Dampfeinsatz oder elektrischer Dampfgarer.

8 Gefrierdosen zum Einfrieren von selbstzubereiteter Nahrung.

Das ABC der Katzenernährung

Für kräftige Muskeln sorgt hochwertiges Eiweiß in der Nahrung.

und Torulahefe, Innereien, Blütenpollen, Weizenkeimen, Getreide und zum Teil in Fleisch enthalten. Ein Mangel kann sich unter anderem in Gewichtsverlust, Hauterkrankungen, Augentränen, Atemgeruch und blutigen Durchfällen äußern.
Ein halber Teelöffel Torulahefe pro Mahlzeit deckt den Tagesbedarf (→ TIP, Seite 43). Bei

Die Ragdoll ist eine große, muskulöse Katze mit hohem Energiebedarf.

Streß ist Zugabe von Lezithin ein Muß. Fisch nur gekocht verabreichen, da er im rohen Zustand Vitamin B (Thiamin) im Körper zerstört.
Vitamin C (Ascorbinsäure) wird beim Aufbau von Bindegewebe und gesundem Zahnfleisch gebraucht. Es verbessert die Immunität, hilft gegen Allergien und Arthritis und beugt Harngrießbildung vor. Als fertiges Vitamin-C-Präparat ist Ester-C mit Spirulina zu empfehlen (im guten Fachhandel). Eine Überdosierung ist nicht möglich.

Mineralien

Mineralien werden in Mengen- und Spurenelemente eingeteilt. Von den Spurenelementen (etwa Jod, Zink, Mangan oder Kobalt) werden, wie der Name schon sagt, nur minimale Mengen benötigt. Zu den Mengenelementen gehören Kalzium, Phosphor, Magnesium, Schwefel, Natrium, Kalium und Chlor. Eine besondere Rolle spielt das richtige Kalzium-Phosphor-Verhältnis im Futter.
Kalzium und Phosphor haben bei jeweiliger Überversorgung entscheidende Mangelerscheinungen zur Folge. So würde der hohe Phosphoranteil in Fleisch zu einem relativen Kalziummangel führen. Die Folge sind weiche Knochen bei Jungtieren beziehungsweise Osteoporose bei erwachsenen und alternden Tieren. Doch ein Überschuß an

Ernährungsfehler und ihre Folgen

Ernährungsfehler vermeiden

Ernährungsfehler	Begründung	Folgen
Fütterung mit Hundefutter.	Zuwenig Protein und tierisches Fett. Taurin, Arachidonsäure und Vitamin A fehlen.	Energieverlust, Fruchtbarkeits- und Entwicklungsstörungen, Haut- und Haarprobleme, Herzprobleme und vieles mehr.
Fütterung mit Essensresten.	Enthalten zuwenig Protein und Fett, lebenswichtige Nährstoffe (z.B. Taurin) fehlen. Zu salzig oder gewürzt.	Siehe oben. Verdauungs-, Nieren- und Leberfunktionsstörungen.
Reine Fleisch- oder Fischfütterung.	Zuviel Phosphor führt zu Kalziummangel. Wichtige Fettsäuren, Rohfasern, Ballaststoffe, Vitamine A und E fehlen.	Probleme mit Knochenbau, Haut, Fell, Verdauung. Appetitmangel, Augenerkrankungen, Fettgewebserkrankungen.
Fütterung mit Futter von schlechter Verdaulichkeit.	Zuwenig hochwertiges Protein oder wichtige Fettsäuren.	Probleme mit Nieren, Verdauungsorganen, Haut, Haaren.
Viel Abwechslung.	Nicht artgerecht.	Macht wählerisch, führt zu Verdauungsproblemen.
Abgestandenes Naßfutter.	Trocknet aus. Verdirbt leicht. Nährstoffe werden unbrauchbar.	Verdauungsprobleme, Nährstoffmangel.
Futter zur ständigen Verfügung anbieten.	Nicht artgerecht. Katzen verzehren ihre Beute sofort.	Verdauungssystem wird faul. Harngrießbildung.
Fütterung in unruhiger Umgebung.	Katzen ziehen sich zum Essen zurück.	Appetitlosigkeit.
Kaltes Futter anbieten.	Nicht artgerecht. Katzen essen Beute »körperwarm«.	Magenerkrankungen.
Futter in der Dose lassen.	Futter bekommt Beigeschmack, der Katzen nicht mundet.	Appetitlosigkeit.
Zu viele Leckerlis anbieten.	Leckerlis sind für Katzen wie Bonbons.	Verderben den Appetit und machen dick.

Das ABC der Katzenernährung

Für eine gesunde, aktive Katze ist der Sprung über den Bach ein Kinderspiel.

Kalzium ist ebenso schädlich und führt zu gestörter Knochenentwicklung und Skeletterkrankungen sowie zu anderen Mineralstoffdefiziten. Das richtige Verhältnis beträgt bei erwachsenen Katzen etwa 1:1. Fleisch, Leber oder Herz müssen durch die Zugabe von Knochenmehl oder Futterkalk ergänzt werden.
Hinweis: Fertigfutter weist das richtige Kalzium/Phosphor-Verhältnis auf und braucht keine Zufuhr von Kalzium. Auch nicht bei trächtigen, säugenden und jungen Katzen! Eventuell etwas Hüttenkäse, Ricotta oder Joghurt zufüttern. Quark hingegen enthält viel Phosphor, deswegen Kalzium zufügen.
<u>Magnesium</u> ist wichtig für Nerven- und Muskelsystem und kommt in Hühnerfleisch, Schalentieren, Getreide und Milch vor. Im Fertigfutter ist es in ausreichender Menge vorhanden.

Enzyme und Mikronährstoffe

Auch Enzyme und Mikronährstoffe, wie etwa Chlorophyll, haben in der Ernährung der Katze eine Bedeutung.
<u>Enzyme und Probiotika</u> unterstützen unter anderem die Verdauung; ein Mangel kann sich in Form von Blähungen, Durchfall, Untergewicht und schlechtem Fellzustand äußern. Viele Katzen knabbern an Gras und anderen Grünpflanzen vermutlich aus Gründen der Verdauung. Wenn Sie Joghurt füttern, hilft das bei der Verwertung von B-Vitaminen und Eiweiß und hält

Rassespezifische Bedürfnisse

die Darmflora gesund. Besonders wichtig ist dies bei Trächtigkeit und für junge Katzen.
Hinweis: Enzyme sind in Fertigfutterdosen durch übermäßiges Erhitzen zerstört. In Trockenfutter finden sie sich nur dann, wenn sie wieder zugesetzt wurden.

Mikronährstoffe kommen zum Beispiel in Alfalfa-Sprossen, Blütenpollen und Spirulina, einer mineralstoffreichen Algenart, vor.

✔ Alfalfa kann hilfreich sein bei Allergien, Magenbeschwerden, Atemgeruch sowie bei der Schadstoffabfuhr aus dem Körper, verbessert den Appetit und unterstützt den Körper bei der Verwertung von Nährstoffen.

✔ Blütenpollen stärken das Immunsystem und pflegen das Zahnfleisch.

✔ Spirulina enthält viele Vitamine und Mineralien und hilft der Verdauung.

Rassespezifische Bedürfnisse

Bedingt durch rassespezifische Eigenschaften wie Herkunft, Körperbau, Größe oder Fellbeschaffenheit sowie Anfälligkeit für bestimmte Krankheiten entstehen bei den verschiedenen Katzenrassen unterschiedliche Ernährungsbedürfnisse. Doch jede Katze ist anders. Behalten Sie dies bei der Zusammenstellung eines Speiseplans für die ihrige im Auge.

Kurzhaarkatzen

Abessinier: Für Muskulatur viel hochwertiges Protein (Hühner-, Puten- und Lammfleisch). Gegen Zahnfleischerkrankungen täglich Multivitaminpräparat mit Vitamin C oder 50-100 mg Vitamin C. Für Nerven und Fell Vitamin B in Form von 1-2 TL Edel- oder Torulahefeflocken täglich. Hoher Energieverbrauch, deswegen 3-4 kleine Mahlzeiten täglich.

Britisch Kurzhaar: Für Körperbau und Fell viel hochwertiges Protein (Lamm-, Hühnerfleisch). Futtersorten mit Vitamin C, 3mal wöchentlich etwas Tomatensaft (ungewürzt!). Gegen Harnwegerkrankungen regelmäßig Multivitaminpräparat mit Vitamin C. Futtersorten mit viel Getreide und pflanzlichen Proteinen vermeiden. Nur Torulahefe füttern. Kurmäßig für seidiges Fell Fellpräparat mit Lachs- und Nachtkerzenöl sowie Vitamin B und E. 2 Mahlzeiten täglich.

Burma: Braucht für Muskulatur Futter mit hoher Energiedichte und hochwertigem Protein (Hühner-, Lammfleisch). Gegen Augenkrankheiten und Kaliummangel regelmäßig Multivitamin-Mineral-Präparat mit Vitamin C. Für gesunde Haut und als Schutz vor Allergien 1mal monatlich 7tägige Kur mit Nachtkerzenöl und Vitamin E. 2-3 Mahlzeiten täglich.

Rex: Für Energie und Erhaltung der Körpertemperatur hoher Anteil an hochwertigen Fetten. Lamm-, Hühner-, Puten-

Dicke Freunde – aber Hundefutter ist nichts für Mieze.

Das ABC der Katzenernährung

TIP

Katzengras

Es wird vielerorts behauptet, Katzen benötigten Gras, um Haarballen herauswürgen zu können. Diese bilden sich aber im Darm, und bis dahin gelangt Gras selten. Die Katze erbricht es nämlich, sobald es mit der Magenschleimhaut in Berührung kommt. Mieze knabbert jedoch recht gern an Grünzeug. Bieten Sie ihr also Kräuter wie Petersilie, Thymian, Katzenminze oder Alfalfa-Sprossen an. Auch klein gezupfte Salatblätter oder fein geraspelte Zucchini, Gurken, Melonen oder Kürbis verschmäht sie nicht. Gegen Haarballen helfen nur Fasern im Futter oder eine gute Malzpaste.

Siam und Orientalisch Kurzhaar: Für Muskulatur Futter mit hoher Energiedichte und hochwertigem Protein. Puten-, Hühner- und Lammfleisch, hochwertige Fette (Geflügelfett, Sonnenblumen- oder Distelöl), wenig Kohlenhydrate, dafür etwas mehr Fasern (Reiskleie oder Gemüsefasern). Für Nerven und Fell regelmäßig Torulahefeflocken oder VitaPulver. Für sehr aktive Katzen öfters 1/4 TL Kamillentee. 3 kleine Mahlzeiten täglich.

Halblanghaarkatzen

<u>Birma:</u> Für Körperbau und Fell viel hochwertiges Protein (Hühner-, Lamm-, Rindfleisch). Für Gesunderhaltung der Harnwege Futtersorten mit Vitamin C, regelmäßig Multivitaminpräparat mit Vitamin C. Futtersorten mit viel Getreide und pflanzlichen Proteinen vermeiden. Kurmäßig Fellpräparat mit Lachs- und Nachtkerzenöl sowie Vitamin B. 2 Mahlzeiten täglich.

<u>Maine Coon:</u> Für Körperbau und Fell viel hochwertiges Protein. Regelmäßig Torulahefeflocken. 2mal wöchentlich Fellpräparat mit Lachs- und Nachtkerzenöl sowie Vitamin B und E. Bei Zahnfleischerkrankungen 3-4wöchige Kur mit Vitamin C 100 mg täglich, danach regelmäßig 1 Prise Ester-C mit Spirulina oder VitaPulver (→ Rezept, Seite 43). 2-3 Mahlzeiten täglich.

fleisch gut geeignet. Knoblauchpaste (→ Rezept, Seite 59) und Vitamin C jeweils 2mal wöchentlich an verschiedenen Tagen. Für gesunde Haut und als Schutz vor Allergien 1mal monatlich 7tägige Kur mit Nachtkerzenöl und Vitamin E. 3 Mahlzeiten täglich.

Rassekatzen brauchen oft besonderes Futter.

Halblanghaarkatzen und Perser

Norwegische Waldkatze: Für Körperbau und Fell sehr viel hochwertiges Protein (Lamm-, Hühnerfleisch). Regelmäßig Torulahefeflocken. 1mal wöchentlich gute Malzpaste. 2mal wöchentlich Fellpräparat mit Lachs- und Nachtkerzenöl sowie Vitamin E und B. 2-3 Mahlzeiten täglich.
Ragdoll: Hochwertiges Protein aus Lamm- und Hühnerfleisch. Naturreis für magenempfindliche Katzen. Täglich 1 Prise Ester-C mit Spirulina oder VitaPulver. 1mal wöchentlich gute Malzpaste. 2mal wöchentlich Fellpräparat mit Lachs- und Nachtkerzenöl sowie Vitamin E und B. 2-3 Mahlzeiten täglich.
Somali: Für Muskulatur Futter mit hoher Energiedichte und hochwertigem Protein: Puten-, Hühner- und Lammfleisch. Täglich VitaPulver. 2mal wöchentlich Fellpräparat mit Lachs- und Nachtkerzenöl sowie Vitamin E. Für nervöse

Die Norwegische Waldkatze braucht energiereiche Nahrung und viel tierisches Eiweiß.

Katzen: 1/4 TL Kamillentee öfters unters Futter mischen. 3 kleine Mahlzeiten täglich.

Perser
Lamm- und Hühnerfleisch sehr gut geeignet, Rind (manche reagieren allergisch darauf) und Pute weniger. Für magenempfindliche Katzen empfiehlt sich Naturreis.
Täglich 1 Prise Ester-C mit Spirulina oder VitaPulver ins Futter. 1mal wöchentlich gute Malzpaste. 2mal wöchentlich Fellpräparat mit Lachs- und Nachtkerzenöl sowie Vitamin B und E. 2 Mahlzeiten täglich. Fütterungszeiten unbedingt einhalten.

PRAXIS ERNÄHRUNG

Die ersten Tage und Wochen
Die Jungen werden taub und blind geboren, finden jedoch den Weg zur Milchquelle allein. Die einmal eroberte »Lieblingszitze« wird gegen Konkurrenten hartnäckig verteidigt. 4 Wochen lang ernähren sich die Kätzchen nur von Muttermilch. Die säugende Katze bekommt in dieser Zeit hochwertige Nahrung, soviel sie mag, und zusätzlich ein Multivitaminpräparat.

Muttermilch ist die Nahrung in den ersten 4 Wochen.

Ein Futter für alle?
Die Vorfahren unserer Katzen fraßen hauptsächlich Mäuse. Je nach Alter erbeuteten sie mehr oder weniger davon, das heißt, Mäuse für bestimmte Lebensphasen gibt es nicht. Das gleiche gilt auch für hochwertiges Futter, Fertiges oder Selbstgemachtes. Geändert werden muß nur die Fütterungsmenge.

Kätzchen bekommt mehrmals täglich zu essen.

Katzenkinder
In den ersten 6 Lebensmonaten brauchen Katzenkinder viel energie- und proteinhaltige Nahrung. Die Umstellung von Muttermilch auf feste Nahrung erfolgt ab der 4. Woche.
<u>4. Woche:</u> 3 Tage 3mal täglich 1 Joghurtmahlzeit; danach zusätzlich täglich 2 Fleischmahlzeiten (→ Rezepte, Seite 40–43).

<u>5.–8. Woche:</u> 4–5 Fütterungen pro Tag mit energiereichem Futter (Kitten), soviel das Kätzchen mag. Trockenfutter am Anfang einweichen. Wenn Sie Selbstgemachtes füttern: 2 Joghurtmahlzeiten und 2–3 Fleischmahlzeiten.
<u>3.–6. Monat:</u> 3–4 Mahlzeiten pro Tag mit einem energiereichen Futter (Kitten), soviel das Kätzchen mag. Joghurtmahlzeiten weglassen oder nur noch gelegentlich anbieten.
<u>Ab 7. Monat</u> zu hochwertigem Erwachsenenfutter übergehen. 2 Mahlzeiten täglich nach den Fütterungsangaben der Packung.

Anfangs leckt Kätzchen gern vom Finger.

Erwachsene Katzen
<u>Anzahl der Mahlzeiten:</u> Wenig aktive Katzen 2 Mahlzeiten, Zucht- und Ausstellungskatzen und sehr aktive Rassen oft 3 Mahlzeiten täglich.
<u>Fütterungsmenge:</u> Empfehlungen auf der Futterpackung als Anhaltspunkt. Bleibt Futter übrig, Menge bei der nächsten Mahlzeit reduzieren. Ist die Katze noch

In allen Lebensphasen richtig füttern

Eine erwachsene Katze bekommt täglich 2-3 Mahlzeiten.

Im Alter ist die Zufuhr von Vitaminen besonders wichtig.

hungrig und nicht zu dick, Menge erhöhen.
<u>Fütterungsvorschlag:</u> Morgens Dosenfutter, abends hochwertiges Trockenfutter. Am nächsten Tag morgens 60-80 g Selbstgemachtes (→ Rezepte, Seite 41-43), abends hochwertiges Trockenfutter usw.

Alte Katzen
Wann eine Katze alt ist, hängt von Veranlagung sowie von

Ein Katzenkind braucht zum Wachsen und Gedeihen viel Energie.

Fütterung und Haltung ab. Spezielles Futter ist also überflüssig. Hochwertig muß es sein, damit es die alternden Nieren nicht belastet. 2-3 kleinere Mahlzeiten täglich genügen, vor allem bei Übergewicht. Die Fütterungsmenge auf der Futterpackung als Anhaltspunkt nehmen. Ist die Katze nicht mehr aktiv, Menge etwas reduzieren. Bleibt Futter übrig, noch weniger geben, da Energiebedarf im Alter meist um 20% kleiner. 4-5mal wöchentlich ein gutes Multivitamin-Mineral-Präparat.

Fütterungsfehler
Es ist falsch,
✔ langsam wachsende Rassen länger als 6 Monate mit Jungtierfutter (Kitten) zu füttern, da dies zur Erhöhung der Fettzellen und später zu Fettleibigkeit und Gelenkproblemen führen kann;
✔ aus Angst vor Überfütterung minderwertige Futtersorten zu verwenden, da dies oft Nährstoffmangel verursacht;
✔ Fertigfutter oder ausgewogenen Rezepten Kalzium zuzusetzen, da zuviel davon die Entstehung von Skeletterkrankungen fördern kann.

Energiereiches Futter
✔ Energie benötigt die Katze vor allem für Wachstum, Vermehrung und die Erhaltung der Körperfunktionen.
✔ Die Energiedichte weist auf die Konzentration der im Futter vorhandenen Energie hin. Sie wird in Kilojoule (kJ) oder Kilokalorien (kcal) angegeben.
✔ Energiereiches Futter garantiert die optimale Versorgung mit allen Nährstoffen.
✔ Es sind nur kleine Fütterungsmengen erforderlich (150 g Dose oder 50-60 g Trockenfutter täglich).
✔ Der Futterverbrauch ist deutlich geringer.
✔ Die Kotmenge nimmt ab. Die Verdauungsenergie wird für andere Funktionen freigesetzt, die Verdauungsorgane werden entlastet.

DAS SCHMECKT MEINER KATZE

In der freien Natur ist der Katzentisch hauptsächlich mit Mäusen gedeckt. In diesen kleinen Nagern findet Mieze alles, was sie für ein gesundes und aktives Leben braucht. Es kommt also nicht so sehr auf Abwechslung an, sondern auf die hochwertige und ausgewogene Zusammensetzung der Nährstoffe.

Auf was es ankommt

Viele Katzenbesitzer füttern oft das, was gerade »im Angebot« ist. Da bleibt es nicht aus, daß sie Futtersorten verschiedenster Qualität nach Hause tragen und ihre Katze so einem ständigen Wechsel aussetzen. Für uns Menschen mag das ganz anregend sein, für Katzen ist es nicht so gut. In der Natur essen sie ja auch hauptsächlich Mäuse. Zudem macht viel Abwechslung sie nicht nur heikel, es schlägt sich auch auf ihre Verdauung. Vor allem, wenn sie eine Zeitlang Futter von niedriger Verdaulichkeit und Energiedichte gefressen haben und plötzlich sehr nährstoffreiches Futter vorgesetzt bekommen.

Manche Katzenbesitzer argumentieren, daß das Futter, obwohl nicht empfehlenswert, der Katze doch so gut schmecke oder daß sie sonst nichts anderes esse. Da sie in erster Linie ein Gewöhnungstier ist, läßt auch sie sich bei genügender Konsequenz auf gesunde Nahrung umstellen. Damit wir aber unter den vielen angebotenen Katzenfuttermitteln die richtige Wahl treffen können, müssen wir die Etiketten lesen lernen.

Der Katze scheint es zu schmecken, was aber noch lange nicht heißt, daß es auch gesund ist.

Kriterien bei der Futterwahl

Qualitätsfutter ist im guten Fachhandel oder beim Tierarzt erhältlich. Der Preis allein ist kein Kriterium – auf die Zutaten kommt es an. Damit Sie also in Zukunft nach dem richtigen Futter greifen, sollten Sie auf folgendes achten:

✔ Zutaten sind einzeln gelistet, damit Sie wissen, was Sie füttern.

✔ Empfohlene Fütterungsmenge pro Tag ist klein (150-170 g Dose, 50-60 g Trockenfutter); daraus können Sie schließen, daß das Futter aus gut verdaulichen, energiereichen Zutaten besteht (→ Seite 31).

✔ Natürliche Antioxidantien Vitamin C und E; dann ist das Futter frei von künstlichen Zusatzstoffen.

Verwertbarkeit der Nahrung

Eine Katze, die viel frißt, ist nicht unbedingt auch gut ernährt. Das wird sie erst, wenn die Bestandteile des Futters auch wirklich optimal verwertbar sind.

Eine hohe biologische Wertigkeit haben

✔ die Proteinlieferanten Muskelfleisch (besonders vom Huhn), Herz, Leber, Nieren und Eier;

✔ Qualitätsfette wie Hühner- und Geflügelfett, Fischöl, Sonnenblumenöl, Distelöl, Maiskeimöl;

Das schmeckt meiner Katze

In der Natur ernähren sich Katzen von Mäusen und knabbern hie und da an Kräutern.

✔ Getreidesorten, zum Beispiel Hafer und Naturreis, da sie neben Mineralien und Kohlenhydraten auch Fasern im richtigen Verhältnis anbieten.

Eine niedrige biologische Wertigkeit beziehungsweise Verdaulichkeit haben

✔ Lunge, Milz, Bindegewebe und Sehnen, meist als »tierische Nebenerzeugnisse« bezeichnet;

✔ harte Fette, in der Regel unter dem Begriff »tierisches Fett« zusammengefaßt;

✔ Restmehle und Hüllen, oft nur als pflanzliche Nebenerzeugnisse deklariert.

Daß Nährstoffe, Vitamine und Mineralien im Futter in richtigen Mengen enthalten sind, sagt nichts darüber aus, ob der Körper sie auch wirklich verwerten kann. Zum Beispiel muß genügend Fett enthalten sein, denn nur dann ist der Körper in der Lage, die fettlöslichen Vitamine im Futter zu nutzen. Auch die sogenannten chelatierten Formen der Mineralien (Eiweißbindungen, wie sie in der Natur vorkommen) verwertet der Körper besser als die »gewöhnlichen« Mineralien (Sulfate). Da sie aber teurer sind, werden sie nur von wenigen Herstellern, die wirklich optimale Nahrung anbieten wollen, eingesetzt. Auf der Futterpackung steht dann zum Beispiel Zink-Aminosäure-Chelat anstelle des üblichen Zink-Sulfats.

Welche Zusatzstoffe richtig sind

Zusatzstoffe – aber welche?

Gesundes Katzenfutter sollte keine künstlichen Farb- oder Konservierungsstoffe enthalten. Leider heißt der Hinweis »Ohne Konservierungsstoffe« auf Trockenfutterpackungen nicht, daß das Futter gänzlich frei von Chemie ist. Konservierungsstoffe sind im Futter in der Regel nicht notwendig und daher von geringerer Bedeutung. Auf die Antioxidantien, die das Fett vor dem Ranzigwerden schützen, kommt es an. Da ranziges Futter für die Katze schädigend, wenn nicht gar tödlich ist, muß Trockenfutter einen oder mehrere Antioxidantien enthalten. Häufig werden künstliche Antioxidantien verwendet, die meist unter der Bezeichnung »EWG-Zusatzstoffe« zusammengefaßt sind. Diese erwiesen sich in Tierversuchen als krebserregend und stehen im Verdacht, Allergien auszulösen. Das muß aber nicht sein, denn es gibt gute und natürliche Alternativen. Vitamin C (Ascorbinsäure oder Ascorbylpalmitat: Ester-C) und Vitamin E sind wirksame, auch in großen Mengen unschädliche Antioxidantien. Allerdings sind sie teurer und setzen voraus, daß die übrigen Zutaten von hoher Qualität sind. Minderwertige Zutaten lassen sich nämlich nicht effektiv mit Vitaminen konservieren.

Tierfutteretiketten richtig lesen

Tierfutteretiketten zu lesen gleicht dem Entziffern einer Geheimsprache. Zum einen sind nur einige Angaben gesetzlich vorgeschrieben, zum anderen gilt es, diese Angaben richtig zu deuten. In der Regel steht auf so einem Etikett:
- ✔ Zusammensetzung der Zutaten,
- ✔ Garantierte Analyse,
- ✔ Fütterungsempfehlung (vom Hersteller angegeben),
- ✔ Gewicht,
- ✔ Eignung als Alleinfuttermittel,
- ✔ Hersteller- und Importeurangaben.

Checkliste
Beim Futterkauf beachten

1. Die Haupteiweißquelle im Fertigfutter sollte aus Muskelfleisch bestehen.
2. Die Fleischsorte mit der höchsten prozentualen Angabe ist an erster Stelle der Zutaten aufgelistet.
3. Stehen unter den ersten vier Zutaten gute Eiweißlieferanten wie Huhn, Hühnerleber oder Lamm, kann man von einer hohen Verdaulichkeit der Proteine ausgehen.
4. Auch die Schlachtnebenprodukte sollten einzeln aufgeführt sein.
5. Empfehlenswert, weil natürlich sind im Trockenfutter die Antioxidantien Vitamin C, E und/oder Kräuter.
6. Je niedriger die Fütterungsempfehlung, desto höher die Energiedichte und somit die Verdaulichkeit des Futters.

Das schmeckt
meiner Katze

══ T I P ══

Was Etiketten versprechen

Um Ihrer Katze viel Abwechslung zu bieten, kaufen Sie ihr heute eine Dose mit Kaninchen, morgen mit Ente und so fort. Auf dem Etikett steht, daß der Anteil dieser »geschmacksgebenden Komponente« mindestens 4% beträgt. Die übrigen 96% fallen unter den Begriff »Fleisch und tierische Nebenerzeugnisse«. Das bedeutet, daß sie aus Teilen von anderen Tieren wie etwa Rind, Huhn, Fisch oder Schwein bestehen. So kann es sein, daß die vielen verschiedenen Sorten am Ende alle die gleiche Zusammensetzung haben – bis auf die garantierten 4%.

Zutaten: Unter diesem Begriff werden die Inhaltsstoffe nach Gewicht in absteigender Form aufgelistet. Die Zutat, die gewichtsmäßig also am stärksten vertreten ist, wird als erste aufgeführt und sollte aus Fleisch bestehen. Die Tierart sollte angegeben sein, nicht nur generell Fleisch. Die ersten drei bis vier Zutaten machen das Futter aus, alles was danach kommt, ist nur noch von geringer Bedeutung.

Garantierte Analyse: Sie listet in Prozenten die Werte von Rohprotein, Rohfett, Rohasche und Rohfasern auf. Dies sind allerdings, wie der Name schon sagt, nur die Rohwerte. Über die Verdaulichkeit, also darüber, ob die Katze die Nahrung überhaupt verwerten kann, sagen sie nichts (→ Seite 11). Damit wir das geeignete Futter auswählen können, müssen wir uns an die Zusammensetzung der Inhaltsstoffe halten.

Fütterungsempfehlung: Sie wird vom Hersteller angegeben, wobei die Mengenangaben je nach Sorte sehr schwanken. Lautet die Empfehlung 400 g pro Tag, handelt es sich meist um Dosenfutter von niedriger Energiedichte und schwer verdaulichem Protein. Das heißt, für eine optimale Versorgung mit allen notwendigen Nährstoffen muß die Katze etwa 400 g essen. Werden 156-170 g pro Tag empfohlen, hat man es mit hochwertigem Futter zu tun und einem hohen Anteil an gut verdaulichem Eiweiß.

Ein Kätzchen, das den ganzen Tag aktiv ist, hat sich ab und zu ein Leckerli verdient.

Zutaten im Fertigfutter   31

Fertigfutter und seine Bestandteile

Das sollte im Futter sein	Das sollte nicht im Futter sein
★) Muskelfleisch von Huhn, Pute, Lamm, Rind, Pferd, Kaninchen, Wild; Leber, Herz, Nieren; Fisch; Eier; Sauermilchprodukte, Hüttenkäse.	Minderwertige tierische Eiweißquellen, oft als »tierische Nebenerzeugnisse« deklariert.
★) Qualitätsfette wie Geflügelfett, Sonnenblumenöl, Lachsöl oder Nachtkerzenöl.	Harte Fette oder Fettquellen, unter dem Begriff »tierisches Fett« zusammengefaßt.
★) Natürliche Antioxidantien wie Vitamin C und E.	Künstliche Antioxidantien, meist als »EWG-Zusatzstoffe« angegeben.
★★) Vollkorn, Naturreis, Amaranth (Reformhaus), Haferflocken, Haferkleie.	Pflanzliche Eiweißextrakte, pflanzliche Nebenprodukte (= Füllstoffe), zuviel Getreide (wenn an erster Stelle gelistet), harte Ballaststoffe und Fasern wie Sojabohnenhülsen.
★★) Chelatierte Mineralien.	Zucker und Karamel.
★★) Probiotische Kulturen (z.B. Lactobacillus acidophilus).	Künstliche Farbstoffe.
★★) Algen, Spirulina, Kräuter wie Alfalfa, Salbei, Rosmarin.	Zwiebelpulver.

★) Ein Muß im Futter. ★★) Ein Plus im Futter.

Trockenfutter und seine Zutaten

Bei Trockenfutter sollte das Fleisch in getrockneter Form angegeben sein, so zum Beispiel »getrocknetes Hühnerfleisch«. Steht dort nur »Hühnerfleisch«, dann wurde diese Zutat vor der Trocknung gewogen. Von 1 kg bleiben jedoch nach der Trocknung nur noch 200 g getrocknetes Hühnerfleisch beziehungsweise Hühnerfleischmehl übrig.

<u>Ein Beispiel:</u> Vergleichen wir die Auflistung der Inhaltsstoffe von zwei imaginären Trockenfutterpackungen.

Auf Packung 1 steht: Getrocknetes Hühnerfleisch, Reis, Mais, Geflügelfett u.a.

Auf Packung 2 steht: Zutaten vom Huhn (Hühnerfleisch, Hühnermehl), Reis, Mais, Geflügelfett u.a.

Auf den ersten Blick scheinen diese Futtersorten gleich. Bei beiden steht Hühnerfleisch an erster Stelle. Dennoch sind sie qualitativ sehr unterschiedlich.

Bei Packung 1 bedeutet die Angabe, daß Hühnerfleisch in bereits getrockneter Form der Futtermischung beigefügt wurde und nach der Trocknung nicht an Gewicht verloren hat. Die Hauptzutat ist und bleibt also gut verdauliches Hühnerfleisch, und das bedeutet hochwertiges Protein.

VERHALTEN
DOLMETSCHER

Wenn Sie die Katzensprache lernen möchten, müssen Sie die Verhaltensweisen Ihrer Katze richtig deuten können.

 Dieses Verhalten zeigt meine Katze.

 Was drückt meine Katze damit aus?

 So reagiere ich richtig auf ihr Verhalten!

☞ Die Katze sitzt vor ihrem Napf und frißt.
❓ Sie hat die typische Hockstellung eingenommen.
❗ Lassen Sie sie in aller Ruhe ihre Mahlzeit einnehmen.

☞ Die Katze knabbert an Gras.
❓ Sie braucht eine Verdauungshilfe.
❗ Bieten Sie ihr Kräuter zum Knabbern an.

☞ Die Katze liegt entspannt da.
❓ Sie hat gerade gefressen und ruht sich aus.
❗ Jetzt dürfen Sie sie nicht stören.

☞ Die Katze »spielt« mit der Beute.
❓ Sie traut sich nicht, die Maus sofort zu töten.
❗ Greifen Sie nicht ein, und schimpfen Sie nicht mit ihr.

👆 Die Katze wischt sich mit der Pfote übers Gesicht.
❓ Sie putzt sich nach dem Essen.
❗ Normales kätzisches Verhalten.

👆 Die Katze leckt sich sorgfältig.
❓ Sie ist sehr reinlich.
❗ Halten Sie ihre Utensilien sauber.

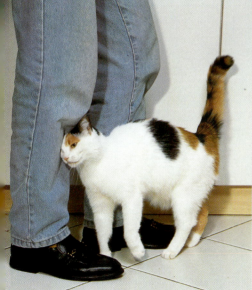

👆 Die Katze trinkt aus dem Wasserhahn.
❓ Das Wasser ist nicht frisch, oder der Wassernapf ist falsch plaziert.
❗ Wechseln Sie das Wasser, oder stellen Sie den Wassernapf weit weg vom Futternapf.

👆 Äußerst gespannte Lauerstellung.
❓ Die Katze hat eine Beute im Visier.
❗ Auch als Hauskatze bleibt sie immer Jägerin.

👆 Die Katze reibt sich an den Beinen des Menschen.
❓ Sie bettelt um Futter.
❗ Füttern Sie sie, aber nur wenn es ihre Zeit ist.

Das schmeckt meiner Katze

Bei Packung 2 handelt es sich um nicht getrocknetes Hühnerfleisch. Da ihm bei der Trocknung Fett und Wasser entzogen wird, bleibt nur noch ein kleiner Teil Fleisch als Trockensubstanz übrig. Somit ist der Anteil Hühnerfleisch gewichtsmäßig nicht mehr der größte und dürfte eigentlich nicht mehr an erster Stelle stehen. Hühnermehl hingegen wird in bereits getrockneter Form angegeben und somit zur Hauptzutat. Allerdings besteht es aus schwer verdaulichen Nebenerzeugnissen, das heißt, die Haupteiweißquelle in diesem Futter ist auf jeden Fall minderwertiger als Hühnerfleisch.

Hinweis: Trockenfutter mit viel Getreide (auf der Futterpackung an erster Stelle aufgeführt) und pflanzlichen Eiweißextrakten ist nicht empfehlenswert, da unter anderem erhöhtes Harngrießrisiko besteht – auch bei weiblichen Katzen (→ Harnwegprobleme, Seite 54).

Nebenerzeugnisse

Oft steht an erster Stelle der Zutaten »Fleisch und tierische Nebenerzeugnisse«. Letzteres ist die Umschreibung für Schlachtabfälle, die für den menschlichen Verzehr nicht verwendet werden.

Als Nebenerzeugnisse bezeichnet man unter anderem Därme, Lunge, Euter oder fleischige Stücke mit viel Bindegewebe und Knorpel. Sie liefern Eiweiß, das in der Regel eine sehr niedrige Verdaulichkeit hat und vom Körper

nur zu einem kleinen Teil verwertet werden kann. Doch sie dienen dazu, die Rohproteinwerte auf den Futterpackungen auf das gewünschte Niveau zu bringen. Es ist also nicht ersichtlich, ob das Futter gut verdauliche Zutaten enthält. Über- und Sammelbegriffe lassen keinen Schluß auf die tatsächliche Menge der verwendeten Futterbestandteile zu. Das geht nur, wenn jede Zutat auf der Packung einzeln aufgeführt wird.

Bedeutung von Fütterungs- und Kotmenge

Woran erkennt man nun, daß Futter hauptsächlich aus Nebenerzeugnissen besteht? Das deutlichste Indiz ist die Kotmenge. Sie sollte etwa ein Viertel der gegessenen Menge betragen. Dies ist der Fall, wenn der Körper optimal mit Eiweiß versorgt wird und wenig Abfall entsteht. Der Verdauungstrakt sowie Nieren und Leber sind entlastet. Die Katze ist aktiv, da die Energie nicht für große Mengen schwer verdaulichen Materials verbraucht wird.

Sind hingegen Fütterungs- und Kotmenge viel größer, handelt es sich um schlecht verwertbares Futter (→ Energiedichte, Seite 9). Die Katze muß große Mengen konsumieren, um an genügend Nährstoffe zu kommen. Sie wird zu dick, oder sie schafft es nicht, soviel wie nötig zu essen, und magert ab. Der Körper, der die notwendigen Nährstoffe aus den schwer verdaulichen Nebenerzeugnissen zu holen versucht, arbeitet ständig auf Hochtouren; Verdauungsorgane und vor allem Nieren werden belastet.

Hinweis: Ernährungsbedingte Krankheiten bilden sich langsam und machen sich manchmal erst nach

Mitten aus dem Spiel heraus fällt das Kätzchen in Schlaf.

Was man füttern soll

In hochwertigem Trockenfutter sind alle wichtigen Nährstoffe enthalten.

Jahren bemerkbar. Einer Katze kann man von außen den Verschleiß ihrer Organe nicht ansehen. Wenn sie scheinbar immer gesund gewesen ist, aber dann plötzlich an Nierenversagen stirbt, wird man kaum auf die Idee kommen, daß es eine Folge der Fütterung gewesen sein könnte (→ Tabelle, Seite 13).

Was soll man füttern?

Es ist wirklich verwirrend. Wo immer man sich hinwendet, an Zeitschriften, Futterhersteller, Züchter, Tierärzte, überall bekommt man anderes zu hören. Die einen behaupten, Trockennahrung sei die bessere Form, andere entgegnen, daß man nur Dosen füttern solle, da die nasse Form die »natürlichere« sei. Manche verpönen die Fertignahrung, weil sie »verkocht« und deshalb vom Organismus nicht zu verwerten sei. Viele halten es für unmöglich, eine Katze gesund und ausgewogen mit Selbstgemachtem zu ernähren.

Fertignahrung: Qualitätvolle Fertignahrung ist ausgewogen und liefert alle notwendigen Nährstoffe. Minderwertige Fertignahrung hingegen ist nur zu einem kleinen Teil verwertbar, schlecht verdaulich und belastend für die Verdauungsorgane. Man unterscheidet zwischen Naß- und Trockenfutter.

Das schmeckt meiner Katze

Ist das Futter gut verdaulich, bleibt viel Energie fürs Spielen übrig.

✔ Für Naßfutter spricht: Wegen seines hohen Fett- und Wassergehaltes schmackhaft, lange haltbar, muß meist nicht konserviert werden. Dagegen spricht: Man zahlt viel nur für Wasser (70-80%). Die weiche Konsistenz gibt Zähnen wenig Arbeit. Lange Kochzeiten zerstören viele Vitamine. »Fleischbröckchen« sind oft aus Sojaprotein (schwer verdauliche pflanzliche Eiweißextrakte). Geöffnete Dose verdirbt schnell.
✔ Für Trockenfutter spricht: Nährstoffe in konzentrierter Form. Man zahlt nicht für Wasser. Durch schonende Herstellung bleiben Vitamine besser erhalten. Einfach zu füttern, verdirbt nicht im Napf.

Dagegen spricht: Wenn Trockenfutter nicht hochwertig ist, enthält es oft zuviel Pflanzliches und Getreide sowie künstliche Antioxidantien.
Selbstgemachtes:
✔ Dafür spricht: Sie bestimmen die Qualität der Zutaten selbst und wissen, was Sie füttern.
✔ Dagegen spricht: Ohne ausreichendes Wissen über die Nährstoffzusammenstellung kann es der Katze sehr schaden.

Fütterungsmodelle

Die folgenden Fütterungsmodelle gehen von verschiedenen Lebenssituationen aus:
Modell 1: Trockennahrung, mit natürlichen Antioxidantien konserviert und getrocknetem Fleisch als Haupteiweißquelle. Ergänzen mit qualitativ hochwertigem Dosenfutter und Frischfutter, zum Beispiel 60% Trockennahrung, 20% Dose, 20% Frischfleisch (Rind oder Lamm roh, Hähnchen, Pute oder Wild gekocht – kein Schweinefleisch).
Hinweis: Qualitativ hochwertiges Trockenfutter mit viel getrocknetem Fleisch ist im Vergleich zur Dose die bessere Form der Fertignahrung. Sie können auch Trocken- und Dosenfutter mischen. Katzen mögen diese »mausähnliche« Konsistenz meistens sehr: etwas Weiches und etwas Hartes zum Knuspern. Und immer für frisches Wasser sorgen (→ TIP, Seite 50).
Modell 2: Selbstgekochtes Katzenfutter nach den Rezepten in diesem Buch. Abwechselnd 2-3mal wöchentlich hochwertiges Trocken- und Dosenfutter. So gewöhnen Sie Ihre Katze auch an Fertigfutter und geraten zum Beispiel während eines Urlaubs oder bei Krankheiten, die eine spezielle Diät erfordern, mit der Fütterung nicht in Schwierigkeiten.
Dieses Modell setzt aber voraus, daß Sie das ABC der Katzenernährung sozusagen buchstabieren können. Außerdem beansprucht es viel Zeit.

10 Goldene Regeln
der Fütterung

1 Fütterungszeiten einführen, am besten morgens und abends. Ihre Katze gewöhnt sich daran.

2 Keine Zwischenmahlzeiten geben und auf noch so hartnäckiges Betteln nur mit Streicheleinheiten reagieren.

3 Nur qualitätvolle, gut verdauliche, katzengerechte Nahrung anbieten.

4 Hochwertige Fertignahrung und selbstzubereitetes Futter abwechselnd füttern.

5 Nur zwischen Fertigfuttersorten gleicher Qualität abwechseln; Ihre Katze kann sonst schwere Verdauungsstörungen bekommen.

6 Kaltes Futter leicht anwärmen, zum Beispiel mit heißem Wasser.

7 Futternäpfe aus Plastik vermeiden. Sie riechen für manche Katzen unangenehm und können Allergien und Akne auslösen.

8 Trinkwasser nicht direkt neben das Futter stellen (→ TIP, Seite 50). Am besten zwei Wassernäpfe an unterschiedlichen Orten in Wohnung oder Haus plazieren.

9 Leckerlis nur gelegentlich und in kleinen Mengen anbieten.

10 Nur mit Liebe überfüttern.

Selbstzubereitete Nahrung

Selbstzubereitete Nahrung sollte in etwa der natürlichen Beute der Katze, also der Maus entsprechen. Diese besteht aus:
- ✔ 70% Wasser
- ✔ 14% Protein
- ✔ 9% Fette
- ✔ 5% Kohlenhydrate.

Dementsprechend benötigen wir:
- ✔ Wasser kann außer acht gelassen werden, weil Fleischgewebe bereits die richtige Menge von Flüssigkeit enthält.
- ✔ Fleisch, mal mager oder mit mittlerem Fettgehalt für viel Protein, mal mit hohem Fettgehalt für weniger Protein; Eier für Protein und Vitamine.
- ✔ Fett (tierisches und pflanzliches) als Fettsäurelieferant für gesunde Haut und schönes Fell.
- ✔ Ein wenig gekochte Getreidevollkornflocken und Gemüse für Kohlenhydrate (Kurzenergie) und Fasern (Verdauung).
- ✔ Etwas Innereien und Knochen (Futterknochenmehl) für Eiweiß, Vitamine und Mineralien.
- ✔ Ein gutes Multivitamin-Mineral-Präparat.

Fleisch

Fleisch sollte im Prinzip roh verwendet werden. Zum einen haben Katzen als Beutetierfresser sehr starke Magensäuren, die sowohl die Knochen der Beutetiere zersetzen als auch die meisten Bakterien unschädlich machen. Zum andern verändert Kochen die Substanz so, daß sie zum Teil unverdaulich für Beutefresser wird. Bitte nur Fleisch verwenden, das zum menschlichen Verzehr geeignet ist. Rind- und Lammfleisch roh; Huhn und Pute besser gekocht wegen Salmonellengefahr; Wild ebenso gekocht. Kein Schweinefleisch (kann gefährliche Krankheitserreger wie Herpes enthalten; Eiweiß nicht gut verdaulich).

Wechseln Sie magere Fleischsorten wie mageres Rindfleisch (Gulaschfleisch ist meistens geeignet), Pute und Hähnchen (können mit anderen mageren Fleischsorten wie Kaninchen und Wild ausgetauscht werden) mit fetterem Fleisch (Lamm) ab (→ Rezepte, Seite 40-43).

Fett

Am besten eignet sich eine Mischung aus 50% Hühnerfett oder Butter und 50% Mais- oder Distelöl. Sie können auch eine fertige Mischung von Lachs- und Nachtkerzenöl verwenden (im Fachhandel erhältlich).

Sie können bestimmen, welches Futter Ihrer Katze gut tut.

Nahrung selbst zubereiten

Getreide
Haferflocken, Schmelzflocken, Multikornflocken, Naturreis, Amaranth (eine hervorragende Getreidesorte aus dem Reformhaus, die bereits von den Inkas geschätzt wurde), Maisgrieß, jeweils gekocht. Im Fachhandel gibt es auch Fertigmischungen (GetreideMix).

Gemüse
Zucchini, Mohrrüben, Broccoli gedämpft; Alfalfasprossen. Empfehlenswert ist eine Mischung aus 50% Zucchini, 30% Mohrrüben und 20% Broccoli, dazu mehrmals wöchentlich $1/2$ TL zerkleinerte Alfalfa-Sprossen (Samen und Keimgeräte zum Selberziehen sind im Reformhaus erhältlich).

Ob Fertigfutter oder Selbstgemachtes – Fleisch ist der wichtigste Bestandteil.

Zusätze
Sie dürfen auf gar keinen Fall fehlen, da die Futterrationen sonst nicht ausgewogen sind.
✔ Futterknochenmehl (Fachhandel, Versandhandel) ist die natürlichste und deshalb beste Kalziumquelle für die Katze. Kalac (gibt es im Versandhandel) ist eine Mischung aus phosphor- und kohlensaurem Kalzium, die dem Knochenmehl sehr gut entspricht, oder zur Not Kalziumkarbonat (aus der Apotheke). 1 EL Knochenmehl pro Mahlzeit oder 1 TL Kalac bzw. Kalziumkarbonat.

Das schmeckt meiner Katze

✔ VitaMinMix (Versandhandel) liefert die nötigen Vitamine und Mineralien. Sie können es auch durch eine Eigenmischung ersetzen (→ Rezept »VitaPulver«, Seite 43). Letzteres erfordert täglich zusätzlich ein geeignetes Multivitamin-Mineral-Pulver mit Taurin, zum Beispiel CaninaPharma CatMineral (Fachhandel).

Praktische Tips für die Zubereitung

✔ Keine Zutaten weglassen – alle sind wichtig.
✔ Die Rezepte ergeben größere Mengen. In Tagesrationen einfrieren, dann müssen Sie nicht jeden Tag kochen.
✔ Fleisch im Stück kaufen. Es muß immer frisch beziehungsweise darf nicht aufgetaut sein. Wenn es gekocht werden muß, erst danach wiegen.
✔ Aus Suppenknochen mit etwas Fleisch daran (Rind, Lamm oder Hühnerteile) eine kräftige Brühe kochen (→ Rezept, Seite 59). Kann eingefroren werden. Zum Anfeuchten der Mahlzeiten verwenden.
✔ Getreide in Brühe garen. Schmelzflocken kurz erhitzen. Hafer- und Multikornflocken 10 Minuten kochen, Amaranth und Maisgrieß 15 Minuten, Naturreis 25-30 Minuten.
✔ 30-35 g rohe Hafer- oder Multikornflocken bzw. 40 g Naturreis oder Amaranth ergeben gekocht jeweils etwa 110 g.
✔ Eier kurz vor Ende der Kochzeit unter die Getreidemischung rühren und 2-3 Minuten mitkochen lassen.
✔ Gemüsemenge in Tassenmaß umrechnen.

Grundrezepte

Die Grundlagen für die folgenden Rezepte stammen von einem amerikanischen Tierarzt und Ernährungsexperten. Sie wurden von mir in jahrelanger Praxis ausprobiert und bei der Aufzucht und Pflege meiner Katzen und ihrer Jungen erfolgreich verwendet.

Rindsmahlzeit

400 g mageres Rindfleisch • 50 g mageres Rinderherz • 50 g Rinderleber • 1 Ei • 110 g gekochte Haferflocken, Schmelzflocken oder GetreideMix • 110 g gedämpftes Gemüse • 1 EL Futterknochenmehl • $1/2$ EL Butter • $1/2$ EL Distel- oder Maisöl • VitaMinMix-Pulver nach Packungsanweisung oder 2 EL VitaPulver Eigenmischung, dazu täglich Multivitamin-Mineral-Pulver mit Taurin nach Packungsanweisung.

<u>Zubereitung:</u> Haferflocken, Schmelzflocken oder GetreideMix in 1-$1^1/_2$ Tassen Fleischbrühe garen. Ei unterrühren. Das Ganze etwas abkühlen lassen, dann Butter und Öl hinzufügen. Gemüse kleinhacken, dünsten und pürieren. Fleisch roh im Mixer oder Fleischwolf grob zerkleinern. Mit Getreidemischung, püriertem Gemüse und VitaMinMix (oder VitaPulver + Multivitamin-Mineral-Pulver) gut vermischen. Wenn nötig, noch etwas Brühe hinzufügen.

Fragen Sie Ihre Katze!
Tagesration für eine 4,5-5 kg schwere Katze je nach Aktivität 150-200 g.

Hühnermuskelfleisch und Geflügelfett sind hochwertige Zutaten, die der Katze auch schmecken.

Rezepte für Katzenfutter

Geflügelfrikassee
400 g mageres Puten- oder Hühnerfleisch • 50 g Puten- oder Hühnerherz • 50 g Puten- oder Hühnerleber • 1 Ei • 110 g gekochter Maisgrieß oder Naturreis • 110 g gedämpftes Gemüse • 1 EL Futterknochenmehl • $1/2$ EL Hühnerfett oder Butter • $1/2$ EL Distel- oder Maisöl • VitaMinMix-Pulver nach Packungsanweisung oder 2 EL VitaPulver Eigenmischung, dazu täglich Multivitamin-Mineral-Pulver mit Taurin nach Packungsanweisung.
Zubereitung: Wie Rindsmahlzeit. Puten- oder Hühnerfleisch, Herz und Leber in katzenhappengroße Stücke schneiden, Fleisch ca. 20 Minuten, Herz und Leber ca. 10 Minuten dünsten. Tagesration für eine 4,5-5 kg schwere Katze je nach Aktivität 150-200 g.

Cleos Lammgericht
450 g fetteres Lammfleisch • 50 g Lammleber • 110 g gekochte Haferflocken, Amaranth oder GetreideMix • 110 g gedämpftes Gemüse • $3/4$ EL Futterknochenmehl • VitaMinMix-Pulver nach Packungsanweisung oder $1 1/2$ EL VitaPulver Eigenmischung, dazu täglich Multivitamin-Mineral-Pulver nach Packungsanweisung.
Zubereitung: Wie Rindsmahlzeit.
Tagesration für eine 4,5-5 kg Katze 110-150 g.

Hackbraten
(eignet sich auch gut für Katzenkinder)
500 g Rindergehacktes • 100 g Rinderleber durchgetrieben • 4 dl Wasser • 2 dl Haferflocken oder Multikornflocken • 2 Eier • $1 1/2$ EL Futterknochenmehl.
Zubereitung: Alle Zutaten gut miteinander mischen. Einen Laib formen und im vorgeheizten Backofen 40-45 Minuten bei 180 Grad backen. Beim Servieren mit etwas Brühe oder Wasser anfeuchten und VitaMinMix oder ein anderes Multivitamin-Mineral-Pulver mit Taurin nach Packungsanweisung daruntermischen. Kann portionsweise eingefroren werden. Eignet sich auch zum Mischen mit Dosenfutter.

Fleisch sollte in katzenhappengroße Stücke geschnitten sein, damit Mieze darauf herumkauen kann.

Das schmeckt meiner Katze

Richtig füttern

Was die Katze tut	Was Sie nicht tun sollten	Wie Sie richtig füttern
Sie bettelt zu jeder Tageszeit.	Sie geben ihr stets etwas zu fressen.	Führen Sie Fütterungszeiten ein und halten Sie sich daran.
Sie hat nie richtig Hunger bzw. Appetit.	Sie halten immer den Napf gefüllt.	Füttern Sie nur zu den eingeführten Fütterungszeiten.
Sie möchte zwischendurch zu fressen.	Sie geben ihr sofort einige Leckerlis.	Geben Sie bis zur nächsten Mahlzeit nur Streicheleinheiten.
Sie frißt nicht, da sie gerade nicht hungrig ist.	Sie bieten ihr schnell ein anderes Futter an.	Räumen Sie, was nicht gefressen wurde, nach einer Stunde weg.
Sie verweigert das Futter, da es neu ist.	Sie haben die Futterumstellung abrupt vorgenommen.	Mischen Sie zuerst nur $1/4$ des neuen Futters unters alte.
Sie verweigert schon 2 Tage das neue Futter.	Sie kehren reumütig zum alten Futter zurück.	Mischen Sie nur $1/2$ TL des neuen Futters unters alte, und erhöhen Sie den Anteil ganz langsam.
Sie probiert ein wenig von der neuen Futtermischung.	Sie geben die nächste Mahlzeit ganz aus neuem Futter.	Erhöhen Sie langsam den Anteil des neuen Futters.

Tagesration für Katzenkinder

(ab 3 Monate)

80 g mageres Rindfleisch (roh) oder Rinderherz (roh) oder Putenfleisch (gekocht) oder Hähnchenfleisch (gekocht) • 20 g gekochte Haferflocken oder Maisgrieß • $1/2$ EL (4–5 g) Maisöl oder Hühnerfett • 1 gestrichener TL Knochenmehl • VitaMinMix-Pulver oder Multivitamin-Mineral-Präparat täglich nach Packungsanweisung. Ab 6 Monate die anderen Rezepte.

Joghurtmahlzeit für Katzenkinder

3 TL geschmacksneutraler Joghurt • 1 TL Sahne • 2 TL abgekochtes Wasser • 1 TL Katzenmuttermilchpulver (z.B. CaninaPharma, im Fachhandel erhältlich). Handwarm füttern.

Schleckerrezepte

Sie sind nicht geeignet für Dauerfütterung, sondern nur für Sonntage oder als Zwischenmahlzeit.

Knusperkost

$1/8$ Tasse gekochtes Hähnchen oder Fisch, 1 EL geriebene Zucchini oder Honigmelone, etwas Olivenöl oder Butter, 1 EL Trockenfutter. Butter oder Öl in einer Pfanne erwärmen. Fleisch, Gemüse und Trockenfutter dazugeben und ein paarmal wenden, so daß es gut ver-

Rezepte für Katzenfutter

mischt ist. Nicht braten! Etwas abkühlen lassen und servieren.

Eismeertraum
1 hartgekochtes, mit der Gabel zerdrücktes Ei, $1/3$ Tasse gekochte, gehackte Grönlandshrimps, 2 TL Hüttenkäse. Alles gut vermischen.

Katzensuppe
1 Tasse Hühnerbrühe, $1/2$ Tasse Hähnchenfleisch, gekocht und püriert, $1/2$ Tasse Spaghetti, kleingeschnitten. Alles gut vermischen.

Hühnerschmaus
2 TL gekochtes Hähnchenfleisch, 2 TL Karotten- oder Gemüsebrei (Babynahrung für 3-5 Monate), 1 rohes Eigelb. Alles gut vermischen.

Katerrührei
2 Eier, $1/3$ TL Futterknochenmehl, 1 TL Torulahefeflocken.
Eier verrühren und in einer gefetteten Bratpfanne kurz garen. Etwas abkühlen lassen. Knochenmehl und Hefeflocken darüberstreuen und servieren.

Herzhaftes Allerlei
1 Hühnerherz, 1 Hühnerleber, 1 EL Honigmelone, 1 EL Hüttenkäse.
1 Tasse Wasser zum Kochen bringen. Herz und Leber 10 Minuten kochen. Mit einer Gabel zerdrücken, ebenso Melone. Hüttenkäse dazugeben und gut vermischen.

TIP

Hefeflocken

Viele Katzenbesitzer streuen Flocken auf das Futter ihrer Mieze und wollen ihr damit etwas Gutes tun. Allerdings bestehen die meisten Flocken nur aus Nebenerzeugnissen und Zusatzstoffen. Wirklich empfehlenswert sind lediglich Hefeflocken, denn sie stärken Haut und Haar. Doch aufgepaßt: Handelt es sich um Bierhefeflocken, enthalten diese sehr viel Phosphor und Magnesium. Kaufen Sie also nur Hefeflocken, die alle B-Vitamine enthalten, aber wenig Magnesium, und mit Kalzium ergänzt worden sind. Sie finden sie im gut sortierten Fachhandel oder im Versandhandel unter dem Namen »Torulahefeflocken für Katzen«.

VitaPulver Eigenmischung

(Zutaten, wenn nicht anders angegeben, im Fachhandel oder Versandhandel)
1 Tasse Torulahefeflocken oder Edelhefeflocken • $1/2$ Tasse Lezithingranulat (Reformhaus) • $1/8$ Tasse Spirulina (am besten Spirulina mit Ester-C-Vitamin) • $1/8$ Tasse Futterknochenmehl.
Gut vermischen und in ein Glas mit Schraubdeckel füllen. Im Kühlschrank aufbewahren. VitaPulver kann auch Fertigfutter beigegeben werden: 1-2 TL pro Tag.

Der Trinknapf sollte immer abseits vom Futter stehen.

PRAXIS FÜTTERUNG

Wie die Katze ißt und trinkt

In der Regel ist die Katze eine bedächtige Esserin. Meist hockt sie sich vor ihren Napf in einer für sie typischen Stellung. Vorder- und Hinterbeine sind eingeknickt, das Hinterteil ist leicht angehoben und der Schwanz ordentlich um den Leib geringelt. Dabei wendet sie den Kopf schräg zur Seite, was so aussieht, als halte sie Nahrungsaufnahme für etwas Ungehöriges. Das Futter holt sie bröckchenweise aus dem Napf, legt es oft daneben und frißt es dann erst. Zum Trinken formt die Katze ihre Zunge wie einen Löffel und schöpft sich geschwind Wasser ins Mäulchen. Wasser ist das richtige Getränk für sie. Milch sollten Sie ihr nicht anbieten, da sie darauf mit Durchfall reagieren kann.

Wann und wie die Katze gefüttert wird

✔ Am besten teilen Sie die tägliche Ration in zwei Mahlzeiten auf und füttern Ihre Katze morgens und abends. Sie können sie ihr auch in drei Mahlzeiten geben, falls Ihnen das lieber ist. Wenn Sie sich an bestimmte Zeiten halten, gewöhnt sich Mieze daran.

✔ Lassen Sie das, was die Katze nicht aufgefressen hat, nicht bis zur nächsten Mahlzeit stehen. Vielmehr sollten Sie die Reste immer spätestens nach 1 Stunde wegräumen und den Napf gründlich reinigen (→ Tabelle, Seite 42).

✔ Wenn Sie den Futternapf auf eine Kunststoffunterlage stellen,

Mieze holt das Futter gerne bröckchenweise aus dem Napf.

Futterautomaten

Futterautomaten mit batteriebetriebenen Kühlakkus zum Frischhalten des Futters sorgen dafür, daß die Katze gefüttert wird, auch wenn Sie nicht zu Hause sind. Es gibt sie in verschiedenen Modellen im Fachhandel. Im Doppelmodell sind zwei Futterschalen und zwei getrennte 48-Stunden-Schaltuhren eingebaut. In dem 5fach-Modell gewährleistet die 96-Stunden-Schaltuhr ein zeitversetztes Öffnen der fünf Näpfe nach Ablauf der eingestellten Zeiten.

ist das, was die Katze drumherum »dreckelt«, leichter zu beseitigen.

✔ Der Wassernapf sollte seinen Platz woanders in der Wohnung haben (→ TIP, Seite 50).

Gesund mit Fertignahrung füttern

Wenn Sie Ihre Katze mit Fertignahrung füttern wollen, sollten Sie dies auf der Grundlage von hochwertiger Trockennahrung tun (→ Seite 31).

✔ Morgens und abends eine frische Portion.

✔ Immer reichlich frisches Wasser.

✔ Ab und zu 1 TL Hüttenkäse oder 1–2 TL Dosenfutter unters Trockenfutter mischen.

✔ 1–2mal in der Woche 100 g Lamm- oder Rindfleisch roh (in gulaschgroße Stücke ge-

Die Katze richtig füttern 45

Metall-, Glas- oder Keramiknäpfe sind katzengerecht.

schnitten) zum Kauen, in $1/2$ TL Futterknochenmehl gewendet.

Speiseplan für eine Woche
Dieser Musterspeiseplan dient als Beispiel für einen ausgewogenen Ernährungsplan und ist eine Zusammenstellung aus Qualitätsfertignahrung und selbstgekochtem Futter (→ Rezepte, Seite 40-43). Mit Dose ist 156-170 g hochwertiges Dosenfutter gemeint.

Montag: Morgens: $1/2$ Dose körperwarm + 1 TL Hüttenkäse. Abends: $1/2$ Dose + 1 TL Trockenfutter.
Dienstag: Morgens: Cleos Lammgericht. Abends: 25-30 g hochwertiges Trockenfutter (nach Packungsangabe).
Mittwoch: Hackbraten.
Donnerstag: Morgens: 50-60 g hochwertiges Trockenfutter. Abends: 2-3 TL Joghurt pur oder gemischt mit je 1 TL Sahne und Wasser (wenn die Katze Sahne verträgt).
Freitag: Morgens: Rindsmahlzeit.
Abends: 25-30 g hochwertiges Trockenfutter.
Samstag: Hühnerfrikassee.
Sonntag:
Morgens: Schleckerrezept (→ Seite 42).
Abends: 100 g Rindfleisch (gulaschgroße Stücke zum Kauen), in $1/2$ TL Futterknochenmehl gewendet.

Die Dünne
Katzen, die unausgewogene oder schlecht verdauliche Nahrung erhalten, sind oft untergewichtig. Rippen und Rückenwirbel stechen heraus, Flanken gehen nach innen. Plötzliche Abmagerung kann auch ein Symptom für eine ernsthafte Organerkrankung sein.

Die Dicke
40% der Hauskatzen leiden an Übergewicht als Folge von Überfütterung, zuwenig Bewegung sowie zu vielen Zwischenmahlzeiten und Leckerbissen. Die Rippen sind unter einer deutlichen Fettschicht nicht leicht tastbar. Die Taille ist kaum oder gar nicht sichtbar. Der Bauch hängt regelrecht herunter.

Die Schlanke
Eine richtig ernährte Katze ist gesund, aktiv und verspielt. Sie hat eine schlanke Figur, ohne dünn zu wirken. Ihre Muskeln sind gut entwickelt und voller Spannkraft. Der Körper fühlt sich fest an, Fettpölsterchen sind keine vorhanden. Die Rippen sind tastbar, stechen jedoch nicht heraus.

PROBLEMFÄLLE BEI DER ERNÄHRUNG

Eine Katze, die richtig ernährt wird, bleibt bis ins hohe Alter gesund. Sie ist aktiv, verspielt und widerstandsfähig und erfreut Sie mit ihrer Zuneigung. Kränkelt sie hingegen, hat das oft mit falscher Ernährung zu tun. Probleme dieser Art sind meist leicht zu beheben; man muß sie nur rechtzeitig erkennen.

Worauf Sie achten sollten

Wie zu Beginn schon gesagt, sind Mängel, die eine Katze durch falsche oder schlechte Ernährung erleidet, nicht leicht zu erkennen. Das Heimtückische ist, daß das Tier jahrelang gesund erscheint und mögliche Schäden sich erst zeigen, wenn es älter wird. Ein Warnlicht sollte bei Ihnen aufblinken, wenn Mieze einen müden Eindruck macht, häufig kränkelt und unter Haut- und Haarproblemen oder Verdauungsstörungen leidet. Nicht selten ist falsches Futter Ursache dieser Probleme, und es ist oft überraschend, wie schnell sich allein durch Futterumstellung solche Anfälligkeiten beseitigen lassen. Auf den folgenden Seiten finden Sie praktische Ratschläge zu den häufigsten Problemfällen.
Hinweis: Eine kranke Katze gehört immer und unverzüglich in tierärztliche Behandlung. Bei Symptomen wie anhaltendem Erbrechen und/oder starken Durchfällen, die länger als einen Tag dauern, bei erfolglosem Urinieren, Lethargie oder Kraftlosigkeit sollten Sie den Gang zum Tierarzt nicht länger hinauszögern.

Die Maine Coon braucht energie- und proteinreiche Nahrung, um die Muskelmasse zu erhalten.

Allergien

Echte Allergien treten bei Katzen selten auf. Gewöhnlich handelt es sich um überempfindliche Reaktionen auf einzelne Inhaltsstoffe im Futter. Mögliche Symptome sind Juckreiz, kahle, oft wunde Stellen meistens im Kopfbereich oder auf den Schenkelinnenseiten, häufige Brechanfälle oder Harnweginfektionen, chronischer leichter Durchfall, immer häufiger auch Asthma. Neurodermitis zählt ebenfalls dazu. Heilung tritt ein durch Stärkung der körpereigenen Abwehrkräfte. Empfehlenswert sind Diätfutter, Vitamine und Futterzusätze und eine homöopathische Behandlung.

Rezept für Diätfutter

100 g Lammfleisch ohne Bindegewebe (frisch, nicht aufgetaut!) • 50 g Reis oder 45 g Haferflocken • $1/2$ TL Futterknochenmehl.
Reis oder Haferflocken in Brühe (aus Lammknochen) oder Wasser garen und etwas abkühlen lassen. Fleisch roh im Mixer zerhacken. Alle Zutaten gut mischen. Das Rezept ergibt eine Tagesration für eine normal große Katze (4-4,5 kg). Sie können auf Vorrat kochen und portionsweise einfrieren. Nach einer Woche(!) ein Multivitamin-Mineral-Präparat täglich zusätzlich verabreichen.

48 Problemfälle bei der Ernährung

✔ Als Alternative hochwertiges Trockenfutter, ca. 50-60 g täglich nach Packungsangabe, aus getrocknetem Hähnchen- und/oder Lammfleisch, Reis als Kohlenhydratlieferant und natürlichen Antioxidantien Vitamin C und E (nur im Fachhandel erhältlich). Achtung! Keine Nebenerzeugnisse, da die Qualität des Futters sonst zu sehr schwankt, und keine künstlichen Antioxidantien, da sie die Hautprobleme oft verursachen(→ Seite 29).

Vitamine und Futterzusätze

Vitamin-B-Komplex, Ester-C-Vitaminpulver nach Packungsangaben; bei Darmproblemen ein Enzympräparat wie Trofizoon Verdauungshilfe $1/4$ TL morgens und abends unters Futter gemischt; bei Hautproblemen täglich 5-10 Tropfen reines

Richtige Ernährung hält Katzen fit und gesund und erhöht ihre Abwehrkräfte.

Nachtkerzenöl kombiniert mit Vitamin E oder ein ausgewogenes Präparat mit allen essentiellen Fettsäuren (aus Lachs- und Nachtkerzenöl).

Homöopathie

Kur mit Echinacea in der Potenz D6 in Tablettenform (aus der Apotheke). Morgens und abends eine Tablette zwischen zwei Löffeln zerdrücken und das Pulver direkt ins Maul geben. Die Behandlung sollte eine Woche lang erfolgen. Das mobilisiert die Abwehrkräfte.

Hinweis: Der Heilungsprozeß kann 6-8 Monate dauern. Viel Geduld ist also nötig.

Diabetes 49

Ein Fallbeispiel
Maine Coon-Kater Jason (6 Jahre alt) kratzte sich über mehrere Wochen die linke Backe blutig. Er hatte ausschließlich minderwertiges Fertigfutter gefressen. Nach Umstellung auf Diätfutter ließ nach einer Woche das Kratzen nach. Zusätzlich wurden Vitamin-B-Komplex-Tropfen, $1/8$ TL Ester-C-Vitaminpulver sowie 10 Tropfen mit Vitamin E angereichertes Nachtkerzenöl unter die tägliche Futterration gemischt. Der sich bildende Schorf wurde 2-3mal täglich mit einer teebaumölhaltigen Pflegesalbe behandelt. Ab der zweiten Woche täglich einmal Diätfutter und einmal hochwertige Trockennahrung (Nutros Natural Choice aus Huhn, Lamm und Reis). Zusätze wie in der ersten Woche. Nach 2 Monaten war Jason geheilt.
Hinweis: Oft wird gegen Allergien Cortison verschrieben. Es beseitigt allerdings nicht die Ursache, das heißt, sobald die Wirkung nachläßt, fängt die Katze wieder zu kratzen an.

Diabetes
Meist sind die Ursachen einer Diabetes Übergewicht und jahrelange Fütterung von zuckerhaltiger Nahrung oder hohe Cortisonmengen beziehungsweise Langzeitanwendung von Cortison. Meist reagiert zuerst die Bauchspeicheldrüse in Form von häufigem Erbrechen, Verdauungsstörungen und Abmagerung. Eine Behandlung mit Insulin ist nicht immer notwendig, doch das muß der Tierarzt entscheiden. Empfehlenswert ist hochwertige Fertignahrung oder selbstgemachtes Diätfutter. Bei der Fertignahrung müssen alle Inhaltsstoffe einzeln aufgeführt sein: Muskelfleisch und Leber/Herz als Haupteiweißquellen, keine Nebenerzeugnisse, hochwertiger, aber reduzierter Fettanteil aus Geflügelfett und Sonnenblumenöl, Fasern wie Reiskleie. Verteilen Sie die Tagesration auf 4 Mahlzeiten immer pünktlich zur gleichen Zeit.

Checkliste
Krankheitsanzeichen

1. Die Katze ist hyperaktiv, oder sie macht einen ständig müden Eindruck.
2. Sie riecht aus dem Maul. Das Zahnfleisch ist entzündet.
3. Sie verliert dauernd Haare, oder sie fallen ihr sogar büschelweise aus.
4. Sie kratzt sich ständig, hat Ekzeme oder auch Akne.
5. Die Haut ist trocken oder sehr ölig und produziert Schuppen.
6. Die Katze leidet unter Verstopfung. Durchfall und/oder Erbrechen treten gehäuft auf.
7. Sie hat keinen Appetit und frißt wenig bis gar nichts.

50 Problemfälle
bei der Ernährung

TIP

Trinkgewohnheiten

Der Flüssigkeitsbedarf von Katzen ist nicht
sehr hoch, vor allem, wenn sie viel Naßfutter zu sich nehmen. In der Regel trinken sie genug, sofern ihnen das Wasser
richtig angeboten wird. Da sie sich in der
Natur an unterschiedlichen Quellen versorgen, ist es artgerecht, Wasser auch in
Haus oder Wohnung an verschiedenen Orten bereitzustellen. Neben dem Futter
sollte es allerdings nie stehen, da die Katze
es sonst als geruchlose Nahrung ansieht,
für die sie sich nicht interessiert. Wählen
Sie wenigstens 2 Standorte, und vermeiden Sie Plastiknäpfe (→ Seite 37). Die
meisten Katzen trinken gerne fließendes
Wasser. Für sie sind spezielle Trinkbrunnen
im gut sortierten Fachhandel erhältlich.

Hinweis: Die an Diabetes erkrankte Katze trinkt
und uriniert viel. Deshalb müssen die wasserlöslichen Vitamine B und C täglich dem Körper
wieder zugeführt werden.

Rezept für Diätfutter

$1/2$ Tasse frisches, selbstgehacktes Rindfleisch
oder gekochtes, gehacktes Hähnchen • $1/2$ Tasse
rohe Rinderleber oder gekochte Hühnerleber,
beide durchgetrieben • $1/2$ Tasse Haferflocken
oder Reis gekocht • $1/4$ Tasse gedämpftes, pü-
riertes Gemüse (Zucchini, Broccoli, Karotte) •
$1 1/2$ TL Futterknochenmehl • $1/2$ TL Jodsalz •
vitaminisiertes Mineralpulver, täglich nach
Packungsanweisung.
Alle Zutaten mischen und mit etwas Wasser
oder Kochbrühe anfeuchten. Tagesration
150-170 g für eine 4,5 kg wiegende Katze.

Durchfall und Erbrechen

Katzen erbrechen relativ häufig, zum Beispiel
wenn sie zu schnell gefressen haben. Auch
müssen sie die beim Putzen verschluckten Haare wieder hervorwürgen (→ TIP, Seite 22). Ist
die Ursache für Erbrechen und Durchfall jedoch
schlechtes, unbekömmliches oder zu kaltes Futter, kann dies mit einer Diät behoben werden.

Behandlung:

✔ 1 Tag Hühnerbrühe (→ Rezept, Seite 59). Dazu morgens und abends 1 TL probiotischen Joghurt. Wenn nötig, direkt ins Maul geben.

✔ 2-3 Tage Schonkost, verteilt auf 2-3 Mahlzeiten (→ Rezept, Seite 59). Dazu Joghurt.

✔ Danach langsam hochwertige Fertignahrung
in kleinen Mengen untermischen.

Leidet Ihre Katze öfters oder längere Zeit unter
Durchfall oder Erbrechen, vom Tierarzt Blutbild
und Kotuntersuchung machen lassen. Bleiben
diese ohne Befund, empfiehlt sich eine Futterumstellung, da oft eine Unverträglichkeit zu-
grunde liegt (→ Allergie, Seite 47). Vermeiden
Sie auf jeden Fall Futtersorten mit künstlichen
Antioxidantien, tierischen Nebenprodukten (=
Schlachtabfälle) und schwer verdaulichen
pflanzlichen Eiweißextrakten (oft Soja). Während der ersten 3-4 Wochen der Umstellung ein
Enzympräparat (Verdauungshilfe) unters Futter
mischen. Futterumstellungen immer langsam
durchführen und wenig »abwechseln«.

Fellprobleme

Haaren

Eine Katze sollte zweimal jährlich einen kom-
pletten Haarwechsel durchführen. Haart sie
ständig, weist das in der Regel auf Futtersorten
mit minderwertigem Protein hin. Sorgen Sie
für Futter mit hochverdaulichem tierischen
Eiweiß (→ Seite 10). Futtersorten mit tierischen
Nebenprodukten und pflanzlichen Eiweißextrakten vermeiden.

Fellprobleme 51

Katzen trinken genug, wenn ihnen der Platz zusagt, wo sie das Wasser schlabbern.

Eine Futterumstellung auf hochwertige Fertignahrung und/oder Selbstgemachtes kann je nach Tier 6-10 Wochen dauern. Danach wird Ihre Katze zunächst verstärkt haaren: Endlich hat sie die Nährstoffe, die ihr den Haarwechsel ermöglichen. Doch dann hört das lästige Haaren auf.
Hinweis: Auch reine Fleischfütterung führt zu Haarausfall, da andere Nährstoffe fehlen.
Schuppen
Schuppige Haut weist auf einen Mangel an B-Vitaminen sowie an den essentiellen Fettsäuren Arachidon- und Linolsäure hin. Wirksam ist eine Kur mit Hair Repair (im Fachhandel erhältlich). Die Kur (nach Anweisung auf der Packungsbeilage) beseitigt die Schuppen schnell und emp-

fiehlt sich auch zweimal im Jahr während des Haarwechsels. Zusätzlich regelmäßig 1-2 TL VitaPulver pro Tag (→ Rezept, Seite 43).

Nierenprobleme
Nierenprobleme entstehen, wenn die Katze jahrelang Nahrung mit schwer verdaulichen Proteinen zu sich nimmt. Sie muß große Mengen von minderwertigem Futter fressen, um die notwendigen Nährstoffe zu erhalten. Dabei entstehen viele Abfallstoffe im Körper, die die Nieren durchfiltern und herausbefördern. Ständig lau-

Problemfälle bei der Ernährung

Eine richtig ernährte Katze hat starke Zähne und gesundes Zahnfleisch.

fen sie auf Hochtouren und werden vorzeitig »verbraucht«. Auch künstliche Antioxidantien und Farbstoffe sind belastend.

Eine nierenkranke Katze wird auf eine eiweißreduzierte Diätkost umgestellt (→ folgende Rezepte). Dabei muß das Eiweiß von bester Qualität, das Fett als hauptsächlicher Energielieferant hochwertig und leicht verdaulich sein. Gewöhnen Sie Ihre Katze langsam an das Selbstgemachte. Dabei ist es empfehlenswert, zunächst 3-4 Wochen lang Verdauungsenzyme beizumengen (Verdauungshilfe). 1/2 TL hochwertiges Dosenfutter, unters Futter gemischt, hebt ein wenig den Geschmack. Zusätzlich sollte die Katze täglich ein Aufbaupräparat bekommen, zum Beispiel Trofizoon Aufbaukost.

Hinweis: Da eine nierenkranke Katze viel trinkt (am besten stilles Mineralwasser) und häufig uriniert, müssen ihr die wasserlöslichen Vitamine B und C zugeführt werden.

Nierenrezept 1
1 1/3 Tassen (ca. 300 g) Hähnchen oder Pute oder mageres Rinderherz durchgetrieben • 4 Tassen gekochter brauner Reis • 4 Eier • 2 EL Distelöl oder 1 EL Butter/Hühnerfett + 1 EL Distelöl • 2 1/2 TL Kalziumkarbonat (Apotheke) • 1 TL fein geraspelte Möhren/Zucchini/Broccoli.
Die Zutaten mischen und in eine Auflaufform füllen. Bei 170 Grad im vorgeheizten Backofen ca. 40 Minuten backen. Portionsweise einfrieren. Da die Mischung etwas trocken ist, beim Servieren mit Wasser oder Hühnerbrühe anfeuchten.
Alternative: Rinderherz roh im Mixer kleinhacken, Eier hart kochen und kleinhacken, Reis kochen, geraspeltes Gemüse am Ende kurz mitgaren. Zutaten gut mischen und portionsweise einfrieren.
Nierenrezept 2
120 g Rinderleber • 2 hartgekochte Eier • 2 Tassen gekochter brauner Reis • 1 EL Distelöl • 1 TL Kalziumkarbonat.
Leber leicht anbraten und hacken. Eier klein würfeln. Alle Zutaten gut vermischen und mit etwas Wasser oder Brühe anfeuchten.
Das Rezept ergibt etwa 550 g Diätfutter und kann portionsweise eingefroren werden.
Fütterungsmenge: Bei 2-2,5 kg Körpergewicht 100-120 g pro Tag, bei 3-3,5 kg 140-160 g pro Tag, am besten auf 3 Mahlzeiten verteilt.
Die täglichen Vitamine nicht vergessen!

Leberprobleme

Umweltgifte, künstliche Antioxidantien und Farbstoffe im Futter, aber auch schwer verdauliche Fette greifen die Leber an. Mögliche Symptome sind Appetitlosigkeit, Erbrechen,

Als Beutetierfresserin ist auch unsere Hauskatze immer auf der Pirsch.

Problemfälle bei der Ernährung

Gelbsucht, Wasseransammlung im Bauch und/oder helle, »fette« Stühle. Die Umstellung auf ein natürlich (mit Vitamin C und E) konserviertes Futter mit hochwertigem Eiweiß ohne Nebenerzeugnisse und einem reduzierten, aber hochverdaulichen Fettanteil (Geflügelfett und Sonnenblumenöl) ist notwendig.

Rezept für eine Tagesration

70 g gekochtes Hühnerfleisch • 10 g gekochte Hühnerleber • 50 g brauner Reis oder 45 g Haferflocken • 2 g Distel- oder Maisöl • $1/2$ TL Kalziumkarbonat • 1 kleine Prise Jodsalz. Reis oder Haferflocken in der Kochbrühe des Huhns garen. Fleisch zerkleinern und alle Zutaten gut vermischen. Mit Brühe anfeuchten. Dazu täglich ein Multivitamin-Mineral-Präparat. Wenn sich der Zustand der Katze verbessert, erfolgt langsam(!) die Umstellung auf hochwertige Fertignahrung mit normalem Fettgehalt.

Harnwegprobleme

Unter Harnwegproblemen leiden Katzen sehr häufig, und meist hat es mit falscher Fütterung zu tun. Besteht ihre Ernährung aus Futtersorten mit zuviel Getreide und zuwenig Fleisch, hat der Urin einen pH-Wert von 7 und höher. Je alkalischer aber die Harnflüssigkeit, desto eher bilden sich Steine. Das Problem entfällt, wenn aufgrund eines natürlich hohen, tierischen Pro-

Katzen knabbern an Pflanzen, um ihre Verdauung auf Trab zu bringen.

teingehaltes im Futter leicht saurer Urin (pH 6-6,5) produziert wird. In der sauren Umgebung lösen sich die Harnkristalle nämlich von ganz allein.

Veraltet ist die Information, daß der Ascheanteil (Mineraliensalze) im Futter mit der Bildung von Harngrieß zu tun habe. Ein Zuviel an Magnesium kann ebenfalls nur dann schaden, wenn durch einen zu hohen Getreideanteil im Futter der Urin-pH-Wert ständig zu hoch (alkalisch) bleibt. Futter mit einem natürlich hohen Fleischanteil enthält automatisch richtige Mengen von Magnesium. Es gibt also keinen Grund, Futtersorten mit besonders wenig Magnesium zu füttern – es kann sogar schädlich sein. Zuviel Säure ist auch nicht gut. Sie kann durch Futtersorten entstehen, die wegen ihres hohen Getreideanteils (auf Trockenfutterpackungen oft an erster Stelle gelistet) künstlich angesäuert wurden. Säure löst Kalk aus den Knochen und führt zur Bildung von Kalziumoxalatsteinen, einer anderen Art Harnkristalle.

Erste Anzeichen für ein Harnwegproblem sind Schwierigkeiten beim Urinieren oder Blut im Urin. Sofort 500 mg Vitamin C (Ester-C, zur Not Ascorbinsäure) gelöst in 1 TL Hühnerbrühe plus 100 IU Vitamin E geben und einen Tag nur Hühnerbrühe füttern (→ Rezept, Seite 59). Sollte die Katze gar nicht urinieren können, sofort zum Tierarzt gehen. Dann ist ein Stein schon so groß, daß er die Harnröhre verstopft und durch den Rückstau die Blase zu platzen und eine Urinvergiftung droht.

Von der Art der Harnsteine hängt die Diät ab. Lassen Sie sie also bestimmen. Meistens sind es jedoch Struvitsteine, weshalb ich folgende Diät empfehle: Fertignahrung wie Nutro Max Cat oder Felidae, die der Harngrießbildung durch einen hohen Anteil an Trockenfleisch (Huhn

Harnwegprobleme 55

und Lamm) nachweislich vorbeugen, oder Frischfutter nach folgendem Rezept und weiterhin täglich 500 mg Vitamin C auf zwei Mahlzeiten verteilt. Sollte Durchfall auftreten, die Vitamin-C-Menge zuerst halbieren. Spezielle chemisch ansäuernde Diätfuttersorten sind nicht notwendig.
Bewährt hat sich ein Blasentee: 1 EL getrocknete Goldrute, 2 EL getrocknete Brennessel und 2 EL getrocknete Birkenblätter (alles aus der Apotheke), mit $1/2$ l kochendem Wasser überbrühen, 10 Minuten ziehen lassen. 3-4mal täglich 2 ml mit einer Einwegspritze ohne Nadel einträufeln. Den Tee im Kühlschrank aufbewahren und die zu verabreichende Menge vorher etwas erwärmen.

Mit Hilfe einer guten Malzpaste werden beim Putzen verschluckte Haare hinausbefördert.

Rezept
450 g frisch gehacktes Rindfleisch • 110 g Rinderleber durchgetrieben • 230 g gekochter brauner Reis • 1 TL Distel- oder Maisöl • $1/2$ TL Jodsalz • 1 TL Kalziumkarbonat • Wasser/Brühe zum Anfeuchten.
Ein Multivitamin-Mineral-Präparat täglich.
Fütterungsmenge: Bei 3 kg Körpergewicht 120 g, bei 5 kg 170 g pro Tag. Überschüssiges portionsweise einfrieren.

56 Problemfälle bei der Ernährung

VERSORGUNG IM URLAUB

Zu Hause lassen: Katzen fühlen sich in ihrer vertrauten Umgebung am wohlsten. Suchen Sie rechtzeitig nach einer zuverlässigen Person, die sie 2mal täglich versorgt. Falls Sie Selbstgemachtes füttern, für die ganze Zeit zubereiten, in Tagesrationen einfrieren und beschriften. Fütterungsplan bereitlegen. Am Abend das Futter für den nächsten Tag zum Auftauen herausnehmen. Morgens und abends jeweils die Hälfte füttern. Ausnahmsweise während der Urlaubszeit für tagsüber Trockennahrung in den Napf füllen. Immer für genügend frisches Wasser sorgen.

Mitnehmen: Im Hotel oder auf einem Campingplatz fühlt die Katze sich nicht wohl. In ein Ferienhaus können Sie sie jedoch mitnehmen. Füttern Sie bei längeren Fahrten am Abend vorher nichts mehr. Im Sommer besser nachts fahren, wenn es kühler ist. Nehmen Sie für die Urlaubszeit die hochwertige Fertignahrung mit, an die die Katze gewöhnt ist. Besonders gut geeignet ist Trockennahrung. Ein Verdauungshilfepräparat für Mieze in der Reiseapotheke ist hilfreich.

Verstopfung

Ältere Katzen, die unter Darmträgheit leiden, sowie Katzen, die sich wenig bewegen oder hauptsächlich mit Fleisch ohne den notwendigen kleinen Anteil an Ballaststoffen (Fasern) gefüttert werden, haben oft Probleme, Kot abzusetzen.

Sorgen Sie für mehr Bewegung, indem Sie täglich mit der Katze 15-20 Minuten spielen, und erhöhen Sie den Faseranteil im Futter. Dazu mischen Sie Torulahefeflocken und Haferkleie zu gleichen Teilen und geben täglich $1/2$ TL davon ins Futter. Auch Kürbis ist besonders gut gegen Verstopfung. Weich kochen, $1/4$ TL püriert unter jede Mahlzeit mischen.

Übergewicht

Übergewicht führt zu Herzerkrankungen und Erschöpfungsdiabetes. Lassen Sie es also gar nicht erst dazu kommen. Fütterungszeiten einhalten, täglich 15-20 Minuten mit der Katze spielen, Zwischenmahlzeiten und Leckerlis einschränken. Fetthaltige Vitamin- und Malzpasten machen auch dick.

Immer langsam abspecken! Reduzieren Sie die Energiezufuhr täglich nur um 10-20%, da sonst Leberverfettung droht. Als Diät eignen sich die sogenannten

Lite-Trockenfuttersorten mit reduziertem Fettanteil (ca. 10%). Hauptzutat getrocknetes Hühnerfleisch, Antioxidantien Vitamin C und E.

Rezept:

450 g gekochtes Puten- oder Hühnerfleisch • $1/2$ Tasse gekochter Reis • $1/4$ Tasse gedämpftes Gemüse (Karotten, Broccoli, Zucchini) • $1/2$ TL Distelöl • 1 TL Knochenmehl.

Ein Multivitamin-Mineral-Präparat täglich. Fleisch und Gemüse pürieren und mit den übrigen Zutaten gut vermischen. Mit der sorgfältig entfetteten Geflügelbrühe anfeuchten. Überschüssige Portionen einfrieren.

Zahnfleischentzündung

Idealgewicht	Tägliche Fütterungsmenge
2,7 kg	$^2/_3$ Tasse
3,5–3,6 kg	$^3/_4$ Tasse
4,5 kg	1 Tasse
5,5 kg	1 $^1/_4$ Tassen

Zahnfleischentzündung

Bei Hauskatzen tritt Zahnfleischentzündung entweder als Folge von Zahnstein auf, oder es liegt ein Mangel an Vitamin B und C vor.
Behandlung: Täglich eine Prise Ester-C-Vitamin mit Spirulina unters Futter mischen (Pulver erhältlich im Fachhandel). Empfehlenswert: 4-8wöchige Kur mit Ascorbinsäure-Tabletten für Kleinkinder. 2mal täglich 1 Tablette 50 mg (danach auf 2-3mal pro Woche reduzieren). Zusätzlich täglich $^1/_2$ TL Torulahefeflocken oder Vitamin-B-Tropfen für Kleintiere. Viel Frischfutter und mit Vitamin C und E konservierte Trockennahrung füttern.
Vorbeugung: Zahnstein, der als bräunlicher Belag sichtbar ist, vom Tierarzt unbedingt entfernen lassen. 2mal wöchentlich rohe Rindfleischstücke (Gulaschgröße) oder 2-3 Knorpel von gekochten Hühnerhälsen (nicht mehr, da sie stopfen) zum Kauen geben. Keine anderen Knochen, da sie splittern und sich ins Zahnfleisch spießen oder Magen/Darm beschädigen können.
Zähneputzen: Daran kann die Katze ebenso gewöhnt werden wie ans Kämmen. Im Fachhandel gibt es spezielle Fingerzahnbürsten und enzymatische Zahnpasten für Katzen, mit denen das gut klappt. Täglich oder mindestens 2-3mal in der Woche putzen. Und so gehen Sie vor:
✔ 2-3 Tage Maul und Zahnfleisch nur berühren, bis die Katze sich daran gewöhnt hat.
✔ In der ersten Woche jeden Tag nur jeweils einen Zahn bürsten.
✔ Danach 2 Zähne an einem Tag putzen, am nächsten Tag 3 Zähne usw.

Auf Fleischstückchen und Knorpel herumkauen reinigt die Zähne.

PRAXIS KRANKENPFLEGE

Vorbeugende Maßnahmen
Wenn Sie das Gefühl haben, Ihre Katze »brütet« etwas aus, sollten Sie ihre Abwehrkräfte stärken.
1. 3 Tage morgens und abends 1 Tablette 50 IU Vitamin C für Säuglinge oder 1/8 TL Ester-C-Vitaminpulver mit Spirulina. Zusätzlich Trofizoon Aufbaukost (eine energiehaltige Multivitaminpaste).
2. 3 Tage morgens und abends 1/8 TL Knoblauchpaste (→ Rezept, nächste Seite).
3. 3 Tage wie Punkt 1.
Zusätzlich viel Frischfutter füttern.

Krankenlager
Die kranke Katze mag Wärme und Ruhe. Eine »Höhle« für die Dauer der Krankheit schätzt sie meist sehr, zum Beispiel einen Pappkarton mit einer Öffnung seitlich. Mit einer Schicht Zeitungen auslegen und darauf ein kuschelweiches Handtuch. Der Karton sollte erhöht an einem ruhigen Platz stehen, etwa auf einem Tisch oder einer Kommode. Ideal ist der Standort neben einem Heizkörper, oder Sie wärmen das Krankenlager mit dem Strahl einer Stehlampe.

Zwangsfütterung mit der Hand
Verweigert die Katze mehr als 2 Tage die Nahrung, müssen Sie zwangsfüttern. Schonkost pürieren, erbsengroße Portion auf den Zeigefinger der einen Hand nehmen. Mit der anderen Hand den Kopf hinter den Zähnen mit leichtem Druck fassen. Unwillkürlich öffnet die Katze dabei ihr Mäulchen. Futter hinter die oberen Zähne wischen. Zeit zum Schlucken lassen und Vorgang wiederholen.

Fasten
Kranke Katzen wollen oft einen oder zwei Tage fasten. Das ist eine instinktive, ganz natürliche Verhaltensweise und hilft dem Körper, sich zu reinigen. Keine Milch oder Sahne anbieten oder mit Schinken und dergleichen locken. Vielmehr die Fastenkur mit Hühnerbrühe unterstützen (→ nächste Seite) und immer frisches Wasser bereitstellen. Danach Schonkost. Die Portion leicht erwärmen; durch den Duft wird die Katze zum Essen animiert.

Eine kranke Katze braucht nährstoffreiche Schonkost.

Die kranke Katze richtig pflegen

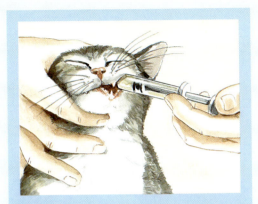

Zwangsfütterung mit der Einwegspritze
Brühe können Sie mit Hilfe einer Einwegspritze ohne Nadel verabreichen. Führen Sie die Spritze seitlich hinter den Eckzähnen in den Mund, und träufeln Sie die Flüssigkeit langsam hinein. Lassen Sie der Katze Zeit zum Schlucken. Spritzen Sie immer seitlich, nie direkt in den Hals, da die Katze sich sonst verschluckt. Verhalten Sie sich dabei ruhig, sprechen Sie mit der Katze, und loben Sie sie.

Rezepte
Schonkost (nicht als Dauerfutter geeignet)
1 EL gekochtes mageres Hühnerfleisch • 1 EL im Kochwasser des Fleisches gegarten polierten Reis • 1 EL Hüttenkäse • Hühnerbrühe zum Anfeuchten. Mehrere kleine Portionen über den Tag verteilt füttern.
Das Wundermittel Hühnerbrühe
(Sehr nährstoff- und kalziumreich, ideal auch für trächtige und säugende Kätzinnen.)
Großen Suppenkessel halbvoll mit Hähnchenteilen samt Knochen füllen. Wasser zufügen, so daß die Teile knapp bedeckt werden. 3 Stunden leise köcheln lassen (Wasser zwischendurch nachgießen, falls nötig). Die letzte Stunde ohne Deckel einkochen, so daß das Wasser die Hähnchenteile kaum noch bedeckt. Brühe durch ein Sieb abgießen und abkühlen lassen. Kaltes Wasser auf die Hähnchenteile gießen, bis sie bedeckt sind. Etwas abkühlen lassen. Dann das Fleisch von den Knochen lösen und mit den Fingern im Wasser kneten, bis dieses »milchig« trüb wird. Durchsieben und Fleisch wegwerfen (alle Nährstoffe sind in die Brühe übergegangen). Knochen etwas zerkleinern, mit dem milchigen Wasser und $1/4$ Tasse Tomatensaft oder 1 EL Tomatenmark zum Kochen bringen. Ca. 40 Minuten kochen lassen. Durchseihen, Knochen wegwerfen und diese Brühe zu der vorher gekochten gießen. Sie kann eingefroren werden.
Hinweis: Geben Sie eine kleine Prise Ester-C mit Spirulina-Pulver und $1/2$ TL Edel- oder Torulahefeflocken in $1/4$ Tasse Hühnerbrühe – das kräftigt die kranke Katze schonend.
Knoblauchpaste (gut auch für Menschen)
$1/4$ TL Mineralwasser • $1/4$ TL Tamari Sojasauce (natriumarm, in Reformläden erhältlich) • $1/2$ TL durch die Presse gedrückter Knoblauch. Mischen und 5 Minuten ziehen lassen. $1/8$ TL unter das Futter mischen.

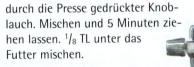

Ein warmes Krankenlager trägt zur Genesung bei.

REGISTER

Die halbfett gesetzten Seitenzahlen verweisen auf Farbfotos und Zeichnungen.

Abessinier 21
Abwehrkräfte 47, 48, **48**, 58
Akne 37, 48
Allergien 15, 18, 21, 29, 37, 47
Alte Katzen 25
Aminosäuren 10
–, essentielle 10, 14
–, nichtessentielle 10
Antioxidantien 36
–, künstliche 29, 31, 48, 50, 52
–, natürliche 14, 27, 29, 31, 36, 48
Arachidon-
säure 4, 14, 51

Bakterien 64
Ballaststoffe 15, 16, 31, 56
Beutetierfresser 4, 38
Biologische
Wertigkeit (BW) 10, 12, 27, 28
Birma 22
Blähungen 13
Blut im Urin 54
Blütenpollen 21
Britisch Kurzhaar 21
Burma 21

Carnivore 4
Chelatierte
Mineralien 28, 31

Diabetes 48
Diätfutter 47, 49, U3,
–, sorten 55
Dosenfutter 36
Durchfall 13, 15, 44, 48, 50

Eiweiß 4, 10, **18**, 20, **23**, 34, 52
Energie 9, 11, 13, 15, 25, 34, **36**
–, umsetzbare (ME) 10
-bedarf 10, **16, 18**
-dichte 9, 10, 25, 27, 29, 30
Enzyme 13, 20, 21
Erbrechen 48, 50, 52
Ernährungsfehler 19
Erwachsene Katzen 24
Essentielle
Aminosäuren 10, 14
Essentielle Fettsäuren 12, 13, 15, 51
EWG-
Zusatzstoffe 29, 31

Farbstoffe,
künstliche 27, 29, 31, 52
Fasern 13, 15, 16, 22, 28, 31, 56
Fasten 58
Faunivoren 4
Fell **12**, 14, 15
-probleme 50

Fertigfutter 15, 20, 25, 29, 31, 35, 37, **39**, 44, 50
Fett, Fette 9, 12, 13, 14, 16, 28, 29, 31, 34, 38, 52
Fettlösliche
Vitamine 12, 13, 15, 16, 28
Fettsäuren 9, 12, 13, 14, 15, 51
Flüssigkeitsbedarf 50
Futterautomaten 44
Futterumstellung 51
Fütterung
-sempfehlung 10, 27, 30, U3
-sfehler 25
-smenge 34, 57
-szeiten 37
Futterzusätze 48

Gelbfettkrankheit 13
Gelbsucht 54
Gemüse 39
Getreide 15, 39, 40
Gras 20, **32**

Haar 50
-ausfall 13, 15, 51
-ballen 22
-wechsel 13, 50, 51
Halblang-
haarkatzen 22
Harngrieß 13, 15
-bildung 11, 15, 18, 19, 54
Harnsteine 54
Harnstoff 12

Harnweg-
probleme 13, 54
Haut 13, 15
-probleme 13, 48
Hefeflocken 43
Homöopathie 48
Hühnerbrühe 59
Hundefutter 19, **21**

Idealgewicht 57
Immunsystem 9, 11, 12, 13, 21

Juckreiz 13, 15
Jungen 24

Kalzium 18, 20, 43,
-mangel 18
Katzen
–, alte 25
–, erwachsene 24
-gras 22
-minze 22
-rassen 21
Kilojoule 9, 25
Kilokalorien 25
Kitten 24
Knoblauchpaste 59
Kohlenhydrate 9, 13, 15, 28, 38
–, lösliche 15
–, unlösliche 16
Konservierungsstoffe,
künstliche 27, 29
Kotmenge 10, 25, 34
Krankenpflege 58
Krankheits-
anzeichen 48

A bis V

Künstliche Antioxidantien 31, 36, 48, 50, 52
Künstliche Farbstoffe 27, 29, 31, 52
Künstliche Konservierungs-stoffe 27, 29
Kurzhaarkatzen 21

Leber 14, 34
-probleme 52
Linolensäure 14
Linolsäure 14, 51
Lösliche Kohlenhydrate 15

Magnesium 18, 20, 43, 54
Maine Coon 22, **47**, 49
Mangelerschei-nungen 12, 15, U3
Mengenelemente 18
Mikronährstoffe 13, 20, 21
Milch 44, 58
Mineralien 9, 13, 16, 18, 28, U3
-,chelatierte 28, 31
Müdigkeit 13, 15
Multivitamin-präparat 24
Muttermilch 24, **24**

Naßfutter 19, 36, 50
Natürliche Antioxidantien 14, 27, 31, 36, 48
Nebenerzeugnisse 34, 43, 48, 50
-,tierische 30, 31, 34, U3
Nichtessentielle Aminosäuren 10
Nieren 12, 14, 34
-leiden U3
-probleme 51
-versagen 35
Norwegische Waldkatze 23, **23**

Orientalisch Kurzhaar 22
Osteoporose 18

Parasiten 64
Perser 23
Pflanzenöl 15
Phosphor 18, 20, 43
Proteine 9, 10, 11, 13, 15, 31,38, 51

Ragdoll **18**, 23
Ranziges Futter 29
Rasse-katzen **22**
Rex 21

Salmonellen-gefahr 38, U3
Schlacht-nebenprodukte 29
Schonkost **58**, 59
Schuppen 15, 51
Schweinefleisch 38
Siam 22
Somali 23
Spirulina 18, 21
Spurenelemente 18
Struvitsteine 54

Tägliche Fütterungsmenge 57
Taurin 4, 10, 40
Thiamin 18
Tierfutter-etiketten 29, 30
Tierische Nebener-zeugnisse 30, 31, 34, 50, U3
Torulahefeflocken 43
Trinken **51**
Trink-gewohn-heiten 50
Trink-wasser 37

Trockenfutter 14, 21, 25, 29, 31, 34, 35, 36, 44, 48, 64

Übergewicht 48, 56
Umsetzbare Energie (ME) 10
Unlösliche Kohlenhydrate 16
Urin, Blut im 54
Urin-pH-Wert 15, 54, 64
Urlaub 56

Verdaulichkeit 9, 11, 12, 15, 28, 29, 30, 34
-,niedrige 27
Verdauung 13, 15, 20, 27, **54**
-shilfe **32**
-sprobleme 13, 19
-sstörungen 16, 48
Verstopfung 13, 48, 56

Eine Katze ohne Auslauf ins Freie braucht Gras im Topf.

ADRESSEN

Vitamin A   16, 17
Vitamin B   17, 18, 43, 50, 51
Vitamin C   17, 18, 27, 29, 50
Vitamin D   16, 17
Vitamin E   14, 15, 16, 17, 27, 29
Vitamin K   16, 17
Vitamine   9, 13, 16, 25, 29, 36, 48
–, fettlösliche 12, 13, 15, 16, 28
–, wasserlösliche 17, 50, 52

Wasser   34, 36, 38, 44, 50
Wasserlösliche
    Vitamine 17, 50, 52
Wertigkeit,
    biologische (BW) 10, 12, 27, 28

Zähneputzen   57
Zahnfleisch   18, 21, 48, **52**
Zahnfleisch-
    entzündung   57
Zahnstein   57
Zucker   15
Zusatzstoffe   29, 39, 43, 52
Zutaten   27, 29, 30, 31, 36
Zwangs-
    fütterung   58, 59
Zwischen-
    mahlzeiten   37, 56

Adressen, die weiterhelfen

• Fédération Internationale Féline (FIFe), Little Dene Lenham Heath, Maidstone, Kent ME 17 2 BS, Großbritannien

• 1. Deutscher Edelkatzenzüchterverband (1. DEKZV), Berliner Str. 13, D-35614 Aßlar

• Deutsche Rassekatzen Union e.V. (DRU), Hauptstr. 56, D-56814 Landkern

• Österreichischer Verband für die Zucht und Haltung von Edelkatzen (ÖVEK), Liechtensteinstr. 126, A-1090 Wien

• Fédération Féline Helvetique (FFH), Denise Kölz, Solothurner Str. 83, CH-4053 Basel

Fragen zur Katzenhaltung beantworten auch

Ihr Zoofachhändler und der Zentralverband Zoologischer Fachbetriebe Deutschland e.V., D-63225 Langen Tel. 06103/910732 (nur telefonische Auskunft möglich)

Krankenversicherung

• Ülzener Allgemeine Versicherungsgesellschaft AG, Postfach 2163, 29525 Uelzen

• AGILA Haustierkrankenversicherung AG, Breitestr. 6-8, 30159 Hannover

Registrierung von Katzen

Haustier-Zentralregister für die BRD e.V. TASSO, Postfach 1423, D-65783 Hattersheim Tel. 06190/4088 Wer seine Katze vor Tierfängern und dem Tod im Versuchslabor schützen will, kann sie hier registrieren lassen. Die Eintragung sowie die computergesteuerte Suche bei Vermißtenmeldung sind kostenlos.

Bücher, die weiterhelfen

(falls nicht im Buchhandel, dann in Bibliotheken erhältlich)

• Behrend, Katrin: Katzen. Gräfe und Unzer Verlag, München

• Deiser, Rudolf: NaturHeilPraxis Katzen. Gräfe und Unzer Verlag, München

• Iben, Ch.: Diätmanagement bei Hund und Katze. Enke Verlag, Stuttgart

• Meyer, H./Anderson, R.: Ernährung und Verhalten von Hund und Katze. Schlütersche Verlagsanstalt, Hannover

• Morris, Desmond: Cat Watching. Heyne Verlag, München

• Müller, U./Wegler, M.: Mein Heimtier: Die Katze. Gräfe und Unzer Verlag, München

• Müller, U./Müller, H.A.: Die kranke Katze. Gräfe und Unzer Verlag, München

• Pitcairn, R. DVM: Dr. Pitcairn´s Complete Guide to Natural Health for Dogs & Cats. Rodale Press, Emmaus PA

Zeitschriften, die weiterhelfen

• die edelkatze. Illustrierte Fachzeitschrift für Katzenfreunde, Verbandszeitschrift des 1. DEKZV, Aßlar

• katzen. Herausgeber: Deutsche Rassekatzen-Union e.V. (DRU), Landkern

• Katzen extra. Sieglers Symposion Tierzeitschriften-Verlag, Stuttgart

• Das Tier. Egmont Ehapa Verlag, Leinfelden-Echterdingen

Die Autorin

Elina Sistonen-Schasche studierte in Amerika Katzenernährung und erwarb sich damit und aufgrund ihrer eigenen Erfahrungen eine fundierte Wissensgrundlage. Heute lebt sie in München, hat eine kleine Maine Coon-Hobbyzucht und betreibt das Fachgeschäft CAT'S COUNTRY Spezialist in Fragen der gesunden Katzenernährung. Albert-Roßhaupter-Str. 96, 81369 München

Wichtige Hinweise

Tel. 0 89/74 37 25 33,
Fax - 74 37 25 35

Die Fotografen

Cogis/Dillschneider: Seite 39; Cogis/Lanceau: Seite 32 li.mi.; Cogis/Varin: Seite 8; Juniors/Born: Seite 32 re.mi.; Juniors/Groth: Seite 49; Juniors/Komikow: Seite 43; Juniors/Schanz: Seite 21, 22 li., re., 29, 36, 53, 61; Juniors/Steimer: Seite 27; Juniors/Wegler: Seite 9, 11, 18 o., 20, 23, 32 u., 33 li.mi., re.mi., u., 34, 37 (beide Fotos), 58, 64/U3; Juniors/Wegner: Seite 47; Reinhard: Seite U1 (kleines Foto), 4/5, 10, 17, 48, 55; Schanz: Seite 12 o., 18 u., 26, 28,

32 re.o., 33 li.o., re.o., 46; Schneider/Will: Seite 51; Sock: Seite 16, 52, 54; Wegler: Seite U1 (großes Foto), U2, 2/3, 6/7, 12 u., 14, 30, 35, 38, 40/41 (alle Fotos), 56/57, U4.

Die Zeichnerin

Renate Holzner arbeitet als freie Illustratorin. Ihr Stil reicht von Strichzeichnungen über fotorealistische Illustrationen bis hin zur Computergrafik.

Dank

Mein Dank gilt meinen Eltern und ihrem Hauskater Sami, die mich gelehrt haben, alle Lebewesen zu ehren und

Wichtige Hinweise

Die Informationen und Rezepte in diesem Buch beruhen auf wissenschaftlichen Erkenntnissen und sind in langjähriger Praxis erfolgreich getestet worden. Eine kranke Katze muß jedoch unbedingt vom Tierarzt untersucht werden. Einige Krankheiten und Parasiten sind auch auf den Menschen übertragbar. Lassen Sie auf jeden Fall alle notwendigen Schutzimpfungen und Entwurmungen ausführen, da sonst eine erhebliche gesundheitliche Gefährdung von Mensch und Tier möglich ist. Gehen Sie im Zweifelsfall selbst zum Arzt und weisen Sie ihn auf die Katzenhaltung hin.
Beim Umgang mit Ihrer Katze können Sie durch Kratzer und Bisse verletzt werden. Lassen Sie solche Verletzungen sofort vom Arzt versorgen. Ihre Katze kann Schäden an fremdem Eigentum anrichten oder gar Unfälle verursachen. Ein ausreichender Versicherungsschutz liegt also im Eigeninteresse; auf jeden Fall sollten Sie haftpflichtversichert sein.

An unsere Leserinnen und Leser

Wir freuen uns, Ihre Meinung zu diesem TierRatgeber zu erfahren. Bitte schreiben Sie uns, wenn Sie Berichtigungen und Ergänzungsvorschläge haben oder wenn Ihnen etwas besonders gut gefällt.

Gräfe und Unzer Verlag
Redaktion Natur
Stichwort:
TierRatgeber
Postfach 86 03 66
D-81630 München

---

zu lieben. Dieses Buch widme ich meiner Katze Cleo, die vor 10 Jahren nierenkrank wurde und dank der Futterumstellung immer noch munter und gesund ist.

Fotos: Buchumschlag und Innenteil

Umschlagvorderseite: Maine Coon (großes Foto), Hauskatzen am Futternapf (kleines Foto). Umschlagrückseite: Katze knabbert an Gras. Seite 1: Kätzchen beim Milchschlabbern. Seite 2/3: Ein Turnschuh zum Kuscheln. Seite 4/5: Auf der Jagd. Seite 6/7: Qualitätvolles Katzenfutter. Seite 64: Lauern hinterm Blättervorhang.

Impressum

© 1999 Gräfe und Unzer Verlag GmbH, München. Alle Rechte vorbehalten. Nachdruck, auch auszugsweise, sowie Verbreitung durch Bild, Funk und Fernsehen, durch fotomechanische Wiedergabe, Tonträger und Datenverarbeitungssysteme jeder Art nur mit schriftlicher Genehmigung des Verlages.

Redaktion: Anita Zellner
Lektorat:
Katrin Behrend
Umschlaggestaltung und Layout:
Heinz Kraxenberger
Zeichnungen:
Renate Holzner
Herstellung: Heide Blut/Gabie Ismaier
Satz: Heide Blut
Reproduktion:
Penta Repro
Druck und Bindung:
Stürtz

ISBN   3-7742-3046-3

Auflage	4.	3.		2.	1.
Jahr	02	01	2000	99	

64 EXPERTEN-RAT

1 Es heißt, alle Futtersorten seien gleich. Kann ich da nicht mit der billigsten Sorte füttern?

Es gibt sehr große Unterschiede. Billigfutter enthält oft viel Unverdauliches, außerdem müssen Sie meist doppelt soviel füttern wie von einer hochwertigen Sorte.

2 Was kostet es, mit einer teuren Marke zu füttern?

Bei einer hochwertigen Trockennahrung sind die täglichen Futtermengen sehr klein, so daß die Kosten unter 1 Mark pro Tag und Katze bleiben.

3 Meine Katze trinkt nicht genug. Kann ich trotzdem Trockenfutter füttern?

Ja, denn in der Regel trinken Katzen ausreichend. Der Trinknapf sollte allerdings nicht direkt neben dem Futter stehen und nicht aus Plastik sein.

4 Bekommt meine Katze von Trockenfutter Nierenschäden?

Wenn Sie hochwertige Trockennahrung mit hohem Fleischanteil füttern, bleibt der Urin-pH-Wert niedrig (6-6,5) und beugt dieser Problematik sogar vor.

5 Bekommt meine Katze von Frischfleisch Würmer?

Wenn Sie Rind- oder Lammfleisch kaufen, das zum menschlichen Verzehr geeignet ist, wird auch Ihre Katze nicht mit Parasiten oder Bakterien infiziert.

Die Expertin gibt Antwort auf die 10 häufigsten Fragen zur Katzenernährung.